DEVS SCIENTIARVM DOMINVS EST
EX LIBRIS
QVOS TESTAMENTO SVO
LARGITVS EST HVIC DOMVI
Mr. PHILIPPVS DESFONT
PRESBYTER PARISIENSIS ET
DOCTOR THEOLOGVS.
ORATE PRO EO
Et
Discite in terris quorum
Scientia vobis perseueret
in cœlis
Hieronimus
Epist. 103

LA
BIBLIOTHEQVE
DES
DAMES
DE Mʳ de GRENAILLE
Sʳ de Chatounieres
A PARIS,
Chez Antoine de Sommauille &
Touſsaint Quinet au Palais.

LA BIBLIOTHEQVE DES DAMES.

Par Mr DE GRENAILLE SIEVR DE CHATOVNIERES.

A PARIS,

Chez ANTHOINE DE SOMMAVILLE,
Au Palais, dans la gallerie des Merciers,
A l'Escu de France.

M. DC. XL.

Auec Priuilege du Roy, & Approbation.

A MADAME,
MADAME
LA DVCHESSE
D'AIGVILLON.

ADAME,

Ie vous offre vne Bibliotheque dans vn seul Liure, & expose premierement à vostre veuë ce que ie dois representer aux yeux de toutes

les Dames, sçachant bien que voſtre approbation ſeruira de reigle à leurs iugements, comme
vos Vertus ſeruent de modele à leurs perfections. L'excellence de voſtre eſprit, Madame,
vous donne vn Empire que voſtre beauté
vous confirme, & que voſtre qualité ſecon-
de, de telle ſorte que vous ſemblez eſtre parmy les perſonnes de voſtre ſexe ce qu'eſt le
plus grand MINISTRE du monde, par deſſus
celles du noſtre. Il eſt tout puiſſant dans le
Conſeil, & vous regnez dans le Cercle; il
eſt reſpecté ſouuerainement de toute la France, & vous en eſtes adorée. Pour moy apres
auoir conſideré tant d'auantages que le merite vous a donnez, auſſi bien que la nature & le bon-heur, ie n'euſſe oſé me preſenter
deuant vous, ſi les plus grands Genies du
Chriſtianiſme ne m'euſſent ſeruy d'introdu-
cteurs comme ie leurs ſers d'interprete. Ils
viennent admirer auecque moy ce zele ar-
dent qu'ils auoient pour la Religion renou-
uellé dans voſtre ame, & cette noble alliance
que vous faites de la Grandeur auecque la
Pieté. Si Tertullien viuoit auiourd'huy, il
auöueroit que vous auez plus de retenuë que

celles qu'il blâme n'ont eu de diſſolution , & que vos exemples ont plus d'efficace pour apprendre aux femmes la modeſtie, que tous ſes Auertiſſements. Au reſte vous poſſedez en effet ces Diuines qualitez, dont ſainct Paulin propoſe l'idée à Celantia , & Sainct Hierôme faiſant l'Eloge de quelques Dames de Rome ſemble compoſer le voſtre. Vous auez auſſi bien que Paula vn parfait meſpris du monde parmy la pompe des honneurs qui vous enuironnent de tous coſtez , & vous vous maintenez abſolumēt incorruptible parmy les corruptions du ſiecle. Enfin voſtre vie me paraiſt ſi glorieuſe que ie crois donner de l'eſclat aux plus grandes lumieres de l'Egliſe, en faiſant voir leurs eſcrits ſous voſtre nom. Cette proteſtation que ie fais icy, Madame, vous doit eſtre d'autant moins ſuſpecte de flatterie, qu'elle part du meſme ſtyle qui publie les ſentiments des plus ſeueres Docteurs qui ayent iamais eſcrit ſur la Morale Chreſtienne. J'eſpere que l'eminence de leur dignité couurira l'indignité de celuy qui vous preſente leurs ouurages , & qu'en les regardant d'vn œil de reſpect ſuiuant vos loüables inclinations, vous

me dédaignerez pas de voir auec quelque forte d'agréement

MADAME,

Voftre tres-humble, tres obeïffant,
& tres-fidelle feruiteur,
CHATOVNIERES DE GRENAILLE.

Aduis aux Dames.

ES DAMES,

Vous auez l'esprit trop bon pour ne deuoir iamais rien lire, & les yeux trop beaux pour lire tousiours. Ie vous presente donc vne petite Bibliotheque qui vous puisse desennuyer en vous instruisant, & vous profiter en vous faisant passer doucement quelque moments de vostre vie. Ie n'ay garde de vouloir faire icy le Maistre des Maistresses de tout le monde, mais ie croy que vous ne vous rebuterez pas d'ouïr mon langage, sçachant qu'il ne vous produit que les sentiments des plus grands personnages de tous les siecles passez. Quittez vn peu les Romans pour trouuer icy d'excellentes veritez, & ne faites pas plus d'estat de vostre satisfaction temporelle, que de vostre salut eternel. Si la seuerité des discours que ie vous offre semble chocquer la delicatesse de quelques vnes de vostre sexe, qu'elles s'en prennent à Saint Hierosme &

é

à Tertulien, ou qu'elles auoüent que ie ne puis mal raisonner apres de si bons genies. Vous pourrez remarquer encor que i'ay aporté beaucoup d'adoucissement, où ils sembloient vn peu rigoureux, & tasché d'énoncer à la mode de la Cour ce qu'ils ont escrit dans la solitude. Apres tout si les censures d'Afrique vous espouuantent, representez vous que c'est à des Carthaginoises, & non pas à des Françoises qu'elles s'adressent.

Les deux premiers traictez quoy que fort anciens sont fort propres pour le temps, puis qu'vn Docteur traictant des Ornements des femmes pour en reformer le luxe, seconde les Edicts du Roy par ses auertissements. Qu'on ne craigne pas la barbarie de son pays, ie ciuilise vn peu sa ferocité; Ie veux arrester auec luy les dissolutions, mais ie fauorise la bien-seance de nostre Nation. Au reste i'vse de la mesme liberté enuers les escrits de Tertulian, dont il s'est seruy pour corriger les deffauts du plus beau sexe du monde. Cela veut dire que comme i'y ay adiousté beaucoup de choses, i'en ay retranché d'auttes qui me sembloient ou trop hardies, ou superfluës. Ie n'ay pas tousiours esclaircy le sens de mon Autheur, mais c'est qu'en certains endroits il semble auoir vne obscurité incapable

de lumiere. C'eſt pour cela qu'vn Doſteur a dit
qu'il ny a point de lieu où les brillans ſoient ſi
proches des tenebres, que dans les écrits de ce
grand homme. Car outre que les couſtumes d'a-
preſent ſont differentes de celles du temps où il
a veſcu, cét excellent eſprit, dans la profondeur
de ſon ſçauoir, parle touſiours plus qu'il ne con-
çoit, & ſemble pluſtoſt nous donner des Enig-
mes à deuiner que des maximes à ſuiure. On
dira ſans doute que mon ſtile eſt plus foible
que le ſien, mais i'ay à reſpondre, que la douceur de noſtre climat ſemble autant haïr la
trop grande force, que la molleſſe. Enfin ie ne
regarde pas tant ce qui s'eſt dit dans l'Afrique,
que ce qui ſe doit dire dans la plus belle partie
de l'Europe.

Les autres pieces qui compoſent plus de la
moitié du corps de ce Liure ne vous ſont pas
moins vtiles, Mes Dames, quoy qu'elles ſoient
plus conformes à vos plus douces inclinations.
Vous y admirerez la douceur d'vn S. Paulin,
qui par la facilité de ſon ſtile ſemble leuer toutes les difficultez qui ſe rencontrent dans le
monde pour la pratique de la vertu. Il rendroit
la ſainſteté fort aymable, quand elle ne le ſeroit pas d'elle meſme. D'ailleurs le grand Saint
Hieroſme monſtre le reſpeſt qu'il porte à vo-

ADVIS AVX DAMES.

ftre fexe parmy ce grand mefpris du monde,
dont il fait vne folennelle profeffion. Il vous
loüe & vous exhorte tout à la fois. Il vous four-
nit à mefme temps des enfeignements & des
exemples pour bien viure. Au refte fon difcours
a de la delicateffe & de la feuerité, de la feche-
reffe & de l'abondance. En vn mot il eft agreable par tout, quoy qu'il ne foit iamais complai-
fant. Ie vous aduoüe neantmoins que ie ne vous
donne pas toutes fes penfées non plus que toutes fes parolles. Non pas que ie veuille corriger celuy que ie prends pour directeur, mais
pource que chaque langue à des graces particulieres pour fes expreffions, auffi bien que pour
fes termes. Ie ne fuis donc pas préuaricateur,
mais ie faits vne paraphrafe au lieu d'vne fim-
ple verfion.

Que fi mon deffein vous plaift, Mes Dames,
ie tafcheray de vous donner plus de fatisfaction en vous donnant dans plufieurs parties
fuiuantes, toutes les pieces qui concernent les
perfonnes de voftre fexe, & fouïlleray bien
exactement toutes les Bibliotheques des hommes pour remplir celle des Dames. Ie pourfui-
uray donc mon ouurage par des traictez de pieté, dont les moindres font toufiours plus confiderables que les plus grands des profanes. Ainfi

donc ie traduiray d'autres lettres de S. Hierofme, & en ioindray quelques-vnes de Sainct Au-
guftin, auec plufieurs difcours qu'il a faits en
faueur des Dames; La Veuue de S. Ambroife
n'y fera pas oubliée, non plus que la Penitente
de fainct Eucher. Des Peres Latins, ie pafferay
aux Grecs, pour vous donner la Gorgonia de
fainct Gregoire de Nazianze, l'Olympia de
fainct Chryfoftome, & tant de beaux traictés,
qui femblent eftre maintenant des fecrets pour
vous, quoy qu'ils n'ayent efté publiez qu'en
confideration des perfonnes de voftre fexe. A-
prez les Autheurs facrez, ie m'attacheray aux
profanes. Ie vous donneray entre autres ces
deux excellentes confolations que Seneque
enuoye à Heluia & à Martia, où ce grand Efprit fait voir que les Dames ne font iamais plus
heureufes, que lors qu'elles font plus affligées.
Enfin comme ie vous honoreray durant tout le
cours de ma vie, ie tafcheray toufiours d'efcrire
quelque chofe à voftre honneur ; ce ne fera
pourtant pas pour idolatrer la beauté de voftre
corps, mais pour embellir voftre ame.

Ce trauail fera grand, mais il ne fera pas
inutile, s'il vous peut eftre agreable. Or i'ef-
pere que le deffein ne vous en déplaira pas, veu
que ie ne l'ay entrepris que dans le defir que i'ay

de vous plaire, & de contribuer autant aux ornemens de voſtre interieur, que d'autres con-
tribuent à ceux de voſtre figure. Vous ne me
ſçaurez pas mauuais gré de vous auoir fait ſouuenir de l'eternité dans le temps, & d'auoir voulu empeſcher les défauts de voſtre eſtat, pour
en faire mieux reluire les perfections. Mais
comme ie n'ay trauaillé qu'en faueur des honneſtes femmes, ie ſerois bien marry d'auoir l'approbation des Coquettes. Mon Liure ſeroit
bien mauuais, ſi elles en faiſoient vn bon iugement. Pour les hommes, ie ſçay que pluſieurs
ſeront bien aiſes que les Docteurs de l'Egliſe
empeſchent les exceſſiues dépences de leur maiſon, & obligent les femmes d'agréer à leurs
marys, au lieu de vouloir plaire indifferemment à tout le monde. Outre que les enuieux
meſmes ne ſçauroient regarder cet ouurage de
mauuais œil, y apperceuât d'abord l'excellence
de vos traits. Ie ſçay que vous reglez les opiniõs
de tous les meilleurs eſprits, comme vous en
gouuernez les cœurs. Donnez donc à ce Liure
l'honneur de quelqu'vne de vos œillades, & vous
verrez tous les Autheurs ialoux de mon ouurage: en ce que paroiſſant à voſtre veuë auec quelque ſorte d'agréement, il aura vn bon-heur
qu'ils briguent tous d'auoir la perſonne.

TABLE DES TRAICTEZ DE LA Bibliotheque des Dames.

LIVRE PREMIER.

LIVRE SECOND.

TABLE
DES MATIERES PRINCIPALES
contenuës dans la Bibliotheque
des Dames.

Table des matieres principales.

Table des matieres principales.

Table des matieres principales.

Table des matieres principales.

FIN DE LA TABLE.

Extraict du Priuilege du Roy.

PAr grace & Priuilege de ſa Maieſté, donné à Paris le 20. iour de Iuillet 1640. Signé, Par le Roy en ſon Conſeil, Demonceaux, & ſeellé du grand Sceau, il eſt permis à François de Grenaille Sr de Chatounieres, de faire imprimer vn Liure intitulé, *La Bibliotheque des Dames*, par tel Imprimeur & Libraire qu'il choiſira, pour en iouïr par eux pendant le temps de cinq ans entiers, auec deffences à tous autres Libraires & Imprimeurs de l'imprimer, en vendre ny debiter dautre impreſſió que de celle qu'aura fait faire ledit François de Grenaille, ou ceux qui auront droit de luy, à peine de confiſcation des exemplaires contrefaits, & de quinze cens liures d'amende, deſpens, dommages & intereſts, voulant ſadite Maieſté qu'en mettant le preſent extraict au commencement ou à la fin dudit liure, il ſoit tenu pour deuëment ſignifié à tous qu'il appartiendra, ainſi qu'il eſt plus amplement porté par ledit Priuilege.

Ledit Sieur de Grenaille a cedé & tranſporté le Priuilege cy deſſus datté à Antoine de Sommauille & Touſſainct Quinet, Marchans Libraires à Paris, pour en iouyr ſelon ſa teneur, & ſuiuant l'accord fait & paſſé entr'eux.

Acheué d'imprimer le vnzieſme Aouſt 1640.
Et les Exemplaires ont eſté fournis.

Fautes à corriger dans la Bibliotheque des Dames.

Pag. 9. ligne 12 dans le commencement, lisez dé le commencement.. P. 14. l. 11. comparir, lif. compatir. Là mesme l. 12 du superb, lif de la superbe. P. 15. l. dernie des chofes, lif de ces chofes. p. 21. l. 16 il ny a que ceux qui la portent qui reconnoissent, lif. il n'y a que celuy qui la porte qui reconnoisse. p. 24. l. 2 la nature, lif fa nature. pag. 1. l. 14 auez perduës, lif. l'aurez perduës. p. 46. l. 7. les brule, lif. les gaste. pag. 52. l. 2. on voye les caufes, lif. on voye les suites. pag. 4. l. 11. oftez car. p. 65. l. 8. qui leur trenchera la tefte, lif qui les trenchera. p. 74 l. 1. de viure, lif. de vie. Là mesme, l. 1. que tarder. lif que de tarder. p. 80. l. 15 & nos mœurs, lif de nos mœurs. pag. 87 l. 10. fameuse, lif. infame. pag. 91. l. 6 non pas à ces hypocrites, lif non pas à la façon de ces hypocrites. p. 95. l. 22. qu'ils, lif qu'elles. pag. 112. l. 4 genereufement, lif generalement. pag 138. l. 9. n'efperoit, lif. n'efpereroit.. pag. 141. l. 1. fe mettre, lif. fe ietter. pag. 157. l. 5. ne les vit, lif. ne le vit. pag. 171. l. 3. de referuer, lif. de fe referuer. Là mesme l. 4. fouuienne toy, lif. fouuiens toy. Là mesme l. 8 & couronnes, lif & leurs couronnes. pag. 198. l. 18. l'ennemy, lif. celuy. pag. 217. l. 6. à reuerer, lif. de reuerer.

Les autres fautes ne font pas moins confiderables, mais elles font plus ayfées à reconnaistre.

LA
BIBLIOTHEQVE
DES
DAMES
LIVRE PREMIER

ARGVMENT.

E n'est pas par vne hayne secrette que Tertullian semble escrire contre les Femmes, mais plutost par l'affection qu'il a de contribuer à leur perfection. Il a fait ce Traitté pour corriger les excez, & non pas pour chocquer la bien-seance. Il se rend vn peu seuere, afin que son discours soit plus efficace. Outre qu'il sçait bien que les bonnes coustumes sont plus difficiles à introduire que les abus. On doit encore considerer en lisant auiourd'huy ses Liures, en quel temps ils ont esté composez: Il viuoit en vn siecle où les Chrestiens estoient tous les iours en danger de souffrir la mort. Les Persecuteurs les regardoient plutost comme des victimes, que comme des hommes, dont il falust épargner le sang. Enfin les Fideles estoient tousiours, ou tourmentez ou recherchez. Tertullian pour les disposer au mépris de la vie, vouloit premierement persuader le mépris des delices qui l'accompagnent, & s'efforçoit de leur retrancher toutes les superfluitez, afin qu'ils eussent moins de peine à se passer des choses mesme necessaires. C'est pour cette raison aussi

qu'il declamoit contre les secondes nopces, craignant que les
attaches du mariage n'empeschassent en quelque façon la
liberté de la foy : comme d'autrepart il loüoit le Celibat,
qui empeschant les hommes d'auoir des enfans, les empes-
choit d'auoir des inquietudes. Mais pour ce que les exemples des Dames ont esté de tout temps presque tout-puis-
sans pour le bien & pour le mal, il écriuit ces deux auertissements pour blasmer quelques femmes, qui ne sembloient auoir embrassé la Religion, que pour rendre leurs
dissolutions sacrileges, aussi bien que criminelles. Il montre
donc aux autres, en décriant celles-là, qu'il ne faut pas
qu'elles ayent vn soin excessif du corps, veu qu'il faut qu'il
soit bien tost tourmenté, & qu'elles doiuent souffrir, ou
par effect, ou par desir, les plus rudes efforts de la tyran-
nie. Enfin il tasche de releuer la foiblesse de leur sexe par la
force de ses raisons, & ne luy defend le desir de se faire
voir au monde, que pour le rendre capable de se faire admirer du Ciel.   De cette consideration generale, venons à la
distribution particuliere. Il diuise ce premier Liure en diuers Chapitres, que ie traitte neantmoins dans vne mesme
suite, pour renforcer ses raisons en les assemblant. Au premier Chapitre, il monstre que les femmes ont grand tort de
s'orner extraordinairement, veu que la Penitence doit faire la plus belle monstre de leur estat.   Il leur fait voir que la
vie dissoluë de quelques vnes, est vne auantcouriere de leur
mort, & qu'elles ne semblent couronnées, que comme des
victimes destinées aux sacrifices de l'Idolatrie. Dans le se-

cond il prouue que les ornements exceßifs des fēmes eſtās des
inuentions , ou des faueurs de Satan, elles ne les peuuent
rechercher ſans perdre leur ame, & porter des preſages de
leur damnation future. Dans le troiſieſme , aprez auoir dit
vne ſi bonne verité, il taſche de prouuer vne erreur touchant la Prophetie d'Enoch, qui pour eſtre citée par des
Autheurs Ortodoxes, ne laiſſe pas d'eſtre apocryphe ; &
pour ce que ſon raiſonnement eſt vn peu hors d'œuure en
cét endroit , auſſi bien que contre l'opinion de l'Egliſe Ca-
tholique ; i'ay creu obliger Tertullian en ſuprimant vne
de ſes fautes. Ce n'eſt pas que ie le mépriſe, mais i'eſtime
plus la raiſon & la foy que tous les Docteurs enſemble.
Le quatrieſme Chapitre eſt employé à verifier que quand le
luxe des habits ne ſeroit pas vn ouurage des Demons, il ne
laiſſeroit pas d'eſtre iniurieux ou dommageable aux filles
des hommes , & qu'il les fait ſoupçonner legitimement, ou
de ſuperbe, ou de peu d'honneſteté. Le cinquieſme nous fait
voir, que l'or & l'argent qu'on eſtime tant dans le monde,
ne ſont que de vils excrements de la terre, & qu'eſtans
moins neceſſaires que le fer & que l'airain, ils deuroient
eſtre moins precieux : mais il ne faut pas s'eſtonner, ſi ignorant la nature des choſes, nous ſemblons ignorer leur qualité. Le ſixieſme nous declare pareillement, que les pierres
qu'on appelle precieuſes, ne ſont que des morceaux de roche;
& que ſi l'huiſtre n'auoit point de baue, les femmes n'auroient point de perles. Par le ſeptieſme l'Autheur fait voir
que c'eſt la rareté qui fait eſtimer les choſes, & non pas leur

excellence: Ce qu'il prouue par l'exemple des Eſtrangers, pour blaſmer noſtre aueuglement, en luy oppoſant leur ſageſſe. Dans le huictieſme, il nous apprend que Dieu ne peut pas ſe plaire aux couleurs, qu'il ne ſemble pas produire, & que ce ſont plutoſt des marques du Corrupteur, que de l'Autheur de la Nature. Enfin le dernier Chapitre conclud que c'eſt l'ambition qui porte les femmes au luxe, & non pas la neceſſité : & que ſi elles ne vouloient pas eſtre veuës plus qu'il ne faut, elles ne voudroient pas eſtre trop aiuſtées. C'eſt là que Tertullian reprend la dépence exceſſiue des femmes, qui portent apparemment tout leur bien ſur elles-meſmes, & qui appauuriſſent des maiſons qu'elles deuroiët enrichir. Qu'on prenne garde neantmoins, qu'en parlāt aux diſſoluës, il ne s'adreſſe point aux Dames, qui ont autant de retenuë que de beauté. Il s'en prend au vice, mais il n'attaque pas la vertu : aprez tout, ne s'attachant qu'aux habits & aux ornements, il veut eſpargner les perſonnes.

LA
BIBLIOTHEQVE
DES DAMES.

Tertullian des Ornements des Femmes.

LIVRE PREMIER.

ES DAMES,

I.   Si la Foy eſtoit auſſi grande ſur la terre, que
ſes recompenſes ſeront amples dans le Ciel, il n'y
auroit pas vne perſonne de voſtre ſexe, qui ayant
vne fois connu le vray Dieu, n'aymaſt mieux eſtre
agreable à ſes yeux, que d'auoir bonne grace deuant le monde. Au lieu de rechercher des habits

magnifiques, vous feriez gloire de l'humilité, &
plusieurs d'entre vous donneroient plus de marques de leur penitence, que de leur luxe. Elles fon-
geroient à expier par leurs bonnes œuures, le mal
qu'Eue fit à tout le genre humain, quand pour
satisfaire à son appetit, elle nous ietta dans vne infinité de miseres. Elles ne seroient pas si vaines si
elles se croyoient si criminelles.   On vous a declaré que conceuant auec plaisir, vous n'enfante-
riez qu'auec douleur, & que vous n'auriez point
de desir, qui ne deust estre suiet à celuy de vos maris : & cependant vous ne pensez-pas pour la pluspart descendre d'Eue, estant pecheresses comme
elle, & vous estimez independantes, pour ce qu'on
vous nomme Maistresses. Asseurez-vous que puis
que la sentence de Dieu dure encore contre vostre sexe, son crime n'est pas du tout aboly. La faute subsiste aussi bien que la punition.

·II.   Vous vous persuaderez bien que i'ay plutost intention de dire la verité, que de vous flatter, quand i'auanceray qu'vne mauuaise femme est
la porte de Satan, qu'elle nous a fait manger des
fruicts de la mort, pour ne s'estre pas contentée
de ceux de l'arbre de vie; qu'aprez Lucifer elle a
esté la premiere creature qui a offencé le Createur;
& qu'elle a eu le pouuoir d'attirer au peché, celuy
que le Diable n'auoit osé seulement tenter. I'ad-
iouste

iouſte que c'eſt elle qui ayant eſté tirée du coſté d'Adam, en a fait perir tout le corps „ & nous a'ra-uy noſtre bon-heur general, pour chercher ſon contentement particulier. C'eſt à cauſe de la mort qu'elle a introduite par ſes demerites, qu'il a fallu que le Fils de Dieu meſme ait perdu la vie, & neantmoins elle cherche encore des ornements, & veut couurir l'infamie de ſa peau, par la dépouïlle de celle de quelques beſtes, qui dans leur brutalité ſemblent moins déraiſonnables, qu'elle n'eſt dans l'vſage de la raiſon!

III.　Mais à voſtre aduis, mes Dames, ſi dans le commencement les laines de Milete euſſent eu de la vogue, & que de tout temps les Seres euſ-ſent dépouïllé leurs arbres pour reueſtir des per-ſonnes: ſi la pourpre de Tyr ſe fuſt faite prez du Paradis terreſtre, & qu'on euſt peu s'y couurir des ouurages de Phrygie & de Babylone: ſi on y euſt apperceu la blancheur des perles, & l'eſclat des au-tres pierres precieuſes: & ſi l'or qu'on tire auec tant de peine des entrailles de la terre en fuſt ſorty de luy-meſme: enfin s'il euſt eſté permis en ce pre-mier âge du monde de ſe tromper dans vn mi-roir en s'y regardant, penſez-vous qu'Eue euſt de-ſiré toutes ces choſes aprez auoir eſté bannie, & que ſe voyant condamnée à la mort, elle euſt ſon-gé à toutes ces charges & à toutes ces ſuperfluitez

B

de la vie? Il ne faut donc pas qu'elle les connoiſſe
maintenant, ny qu'elle les recherche dans ſes filles,
au moins ſi elle veut reſſuſciter, veu que lors qu'elle viuoit, elle n'en auoit, ny la poſſeſſion, ny la
connoiſſance. D'où il faut conclure, que tous ces
affiquets que les autres portent, ſont plutoſt des
ornemens de leurs funerailles, que de leur vie, &
nous font voir leur condemnation, auſſi bien que
leur orgueil. Ce ſont des victimes qu'on ne couronne qu'à deſſein de les immoler.

IV.   Auſſi eſt-il neceſſaire que l'effect reſſem-
ble à ſa cauſe. Ceux qui ont inuenté cét appareil
mortuaire, ſont des eſprits condamnez à vne mort
eternelle, à ſçauoir les mauuais Anges, qui eſtant
tombez du Ciel, chercherent (dit-on) vn aſyle
auprés des femmes. Ce qui eſt vn ſuiet d'ignominie
pour elles, veu qu'elles ſéblent eſtre cauſe de la cheu
te de ces eſprits, auſſi bien que de la noſtre. Mais
quand bien ces enfans de Dieu, qui aymerent les
filles des hommes, auroient eſté hommes eux-meſmes, ainſi que nous le deuons croire; il eſt certain
neantmoins, que comme les Demons ſont des genies de ſuperbe, ils ſont pareillement autheurs de
tous les inſtrumés de la vanité. En effet aprez auoir
deſcouuert quantité de choſes, dont l'ignorance
nous eſtoit plus vtile, que leur connoiſſance ne
nous eſt auantageuſe, & ayant rafiné le monde

pour le perdre auec plus de subtilité : il se font encore plus attachez à embellir les Femmes pour les
mieux defigurer, & nous seduire par elles, aprez
les auoir trompées.

V.   Ils nous auoient de-ja apris la methode de
creuser les mines, pour nous enseuelir tous viuans,
& nous faire chercher prez de l'Enfer le moyen
d'auoir du bien sur la terre. Ils nous auoient ex-
pliqué les proprietez des herbes, plutost pour nous
seruir de poison, que de remede. Ils auoient pu-
blié la force des charmes & des enchantemens, qui
n'aydent nostre foiblesse, que pour auancer nostre
perte. Ils nous auoient mesme esleué l'esprit iusques à la connoissance des Cieux & des astres, pour
nous détourner de l'Empyrée, en nous arrestant
tousiours au dessous de luy, par vne curiosité aussi
dangereuse en ses effets, qu'elle est mal asseurée
en ses iugemens. Il ne restoit pour nous perdre entierement, que de donner aux femmes la maladie
qu'elles ont de la pompe des habits, afin de nous
blesser le cœur par les yeux, & moyenner nostre
ruine par des suiets que Dieu nous auoit donnez
pour appuis.

VI.   Elles ont dont receu de ces meschants
bienfacteurs des pierres precieuses, pour mettre
des carquans autour de leur col, que i'appellerois
volontiers, des cordeaux de leur perdition, & de

la noſtre: elles en ont eu des braſſelets d'or, qui les
ſemblent tenir à la chaiſne dans leurs plus grandes
libertez, & les punir touſiours, comme elles ſont
preſque touſiours criminelles. Ils leur ont auſſi
donné des couleurs, non pas tant pour orner leurs
habillemens, que pour les obliger à faire vne monſtre plus ſolemnelle de leur folie, & ſe faire remarquer à la mode des inſenſez, par vn habit diuerſi-
fié. Ils leur ont fourny des poudres, pour couurir vn corps, qui n'eſt que pouſſiere; & du fard,
pour s'en faire des yeux artificiels, & des ioües em-
pruntées par deſſus celles de la nature. On peut
iuger de la qualité de ces preſents, par celle
de ceux qui les ont offerts aux femmes, ou qui
leur en ont enſeigné l'vſage. Pour moy ie ne feints
point de dire, que des eſprits obſtinez dans le peché, n'ont iamais rien peu faire en faueur de la vertu, que ces ſouffles d'impudicité n'ont iamais re-
ſpiré, que pour fleſtrir l'honneſteté des Dames; &
que ces Apoſtats eſtant les premiers ennemis de
Dieu, n'ont eu garde de nous inſtruire en ſa crainte, par parole ou par exemple. Ainſi donc, ſi ces
inuentions paſſent pour des enſeignemens, il faut
dire que ces mauuais maiſtres n'ont peu faire que
de mauuaiſes leçons. Que ſi on les prend pour des
recompences de lubricité, on ſçait bien, que la recompences qu'on tire d'vn ſujet honteux n'eſt iamais eſtimée honneſte.

VII.   Mais qu'eſtoit-il de beſoin de faire ces faueurs aux femmes, veu qu'elles n'auoient deſia que trop d'auantages pour faire du mal dans le monde? Il ne les falloit pas inſtruire en vn meſtier, où elles n'eſtoient que trop ſçauantes à la ruine des hommes. Elles n'euſſent pas laiſſé de plaire à leurs yeux, ſans ces ſources eſtrangeres de lumiere, & cet apareil de beautez rapportées, veu que ne s'habillant encore qu'à la negligence, & n'ayant dans leur parure d'autre artifice que la nature, elles auoiét eu le pouuoir de toucher les enfans de Dieu, & de les faire reuolter contre leur pere, pour obeyr à des creatures à qui ils auoient droit de commander. Peut-eſtre que les demons eurent peur d'eſtre eſti-mez auares, ſi ayant fait alliance auec les femmes, pour nous deſtruire, ils n'euſſent donné quelque preſent à celles qui leur auoient donné leur foy. Elle ſembloient eſtre mariées à Satan; Il leur deuoit doncques donner quelques arres de ſon amour, ou pluſtoſt de ſa hayne irreconciliable.

VIII.   Mais parlons en autrement, & diſons que celles qui poſſedoient ainſi les Anges Preuari-cateurs, ne pouuoient deſirer aucune autre choſe, & qu'ayant rencontré vn ſi haut party, leur ambi-tion ſembloit eſtre ſatisfaite. Mais comme apres leur cheute ils ſongeoient quelque fois au lieu d'où ils eſtoient tombez, & qu'apres auoir aſſouuy leurs

mauuais defirs furla terre, il foupiroient par quelque interualle apres le Ciel qu'ils auoient perdu, ils
fe refolurét par vn trãfport de rage d'attirer les hómes à leur reuolte, pour auoir des compagnons de
leur mifere, auffi bien que de leurs crimes. Ils fe fer-
uirent donc de la beauté des femmes, pour les perdre auecque nous, & employerent vn fi grand bien
de la nature, à offencer fon autheur. Ils n'igno-
roient pas que quand les femmes perdroient leur
fimplicité, elles perdroient leur innocence, & que
l'efprit de Dieu ne pouuant compartir auec l'efprit
de la chair, non plus qu'auec celuy du fuperbe; elles
enlaidiroient leur ame en tafchant de polir leurs
corps, & defplairoient à Dieu recherchant de plaire exceffiuement aux hommes. Ces Anges dont
ie parle, font ceux que nous deuons iuger, quoy
que noftre efpece foit d'elle mefme inferieure en
perfection à la leur. Nous renonçons à tout commerce auec eux, quand on nous baptife, & neantmoins nous fommes fi infidelles à noftre Seigneur
& à nous mefmes, que nous traictons derechef
auec eux aprez le Baptefme. I'ay produit vne partie des chefs, fur lefquels nous deuons porter
fentence contre eux, pour auoir efté caufe de la
perte de nos fœurs & de nos freres.

IX.   Cela eftant, comme perfonne n'en peut
douter, d'où vient que ce qui leur appartient eft

conſerué ſi cherement de leurs iuges? Quelle alliance y doit-il auoir entre ceux qui doiuent eſtre condamnez, & ceux qui les condamneront? Certes la
meſme qui eſt entre IESVS-CHRIST & Belial.
De quel front pourrons nous monter ſur vn tribunal, pour porter ſentence difinitiue contre ceux
dont nous receuons des preſens, auec autant de
plaiſir que de laſcheté? Quand ie fais mention de
iugement, mes Dames, ie parle à vous auſſi bien
qu'aux hommes: les differences que nous voyons
maintenant, ſuyuant la condition du ſexe, ceſſe-
ront au dernier iour, où il n'y aura plus ny foibleſſe, ny mariage. Vous aurez le meſme droit de regner & de iuger, que vos maris peuuent pretendre.
Que ſi nous ne portós dés cette vie quelque preiu-
gé contre ces mauuais eſprits, en condamnant tout
ce qui leur appartient; & ſi nous faiſons les actions
pour leſquelles nous les deuons condamner, il
s'enſuit qu'ils nous iugeront plutoſt, qu'ils ne ſeront iugez de nous: & qu'au lieu qu'ils deuroient
eſtre condamnés de noſtre bouche, nous le ſe-
rons de la leur.

X.   Mais poſons le cas que la damnation des
Demons ne rende point ignomineux les ornements des femmes, & qu'ils n'ayent fait que tomber du Ciel, ſans nous faire chopper ſur la terre. Il
ne faut qu'examiner la códition meſme des choſes

pour en voir la vanité, & découurir tout enfemble les defirs, & les folies des femmes. Il y a
deux chofes à confiderer dans leurs habillemens, à
fçauoir la parure & la gentilleffe. Les Latins appellent, l'vne du nom de monde, non pas à raifon de
la netteté, mais plutoft, pource que Dieu femble
auoir moins de peine à embellir tout l'vniuers, que
le corps d'vne Coquette. Pour moy ie l'appellerois volontiers, vn monde immonde & vne propreté impure, comme l'autre eft plutoft vne peine qu'vn ornement. L'or, l'argent, les pierres
precieufes, & les habits, compofent l'effence de
l'vne; l'autre confifte dans l'agencement des cheueux, la delicateffe du teint & la fouppleffe de la
charnure qui paroift à l'exterieur. Qu'on die que
ie fuis hardy, pourueu qu'on fçache que ie dis la
verité; mais i'ofe affeurer, que fi l'vne rend vne
perfonne coupable d'vne ambition defreglée, l'autre la declare en quelque façon proftituée, d'où
les Dames doiuent iuger, fi eftans feruantes de
Dieu, elles veulent eftre efclaues du peché, & perdre leur honneur & leur humilité tout enfemble,
pour vne vaine complaifance.

XI. Au refte l'or & l'argent, qui feruent principalement de matiere à la plus haute pompe des
femmes monftrent bien par leur baffeffe, qu'ils ne
peuuent pas beaucoup agrandir de petits fubiets.

Iugeons

geons de leur pouuoir par leur origine. Ce n'eſt
que de la terre impure, qui couure vne terre encore plus corrompuë, & ne tire ſa gloire que de ſon
changement, & de la peine qn'elle nous donne.
Pour ce qu'elle couſte beaucoup de ſueur aux
hommes, elle deuient precieuſe, & n'a de l'eſclat,
que pour auoir perdu ſon nom dans le feu. De telle
ſorte qu'on peut dire, que ſi les hommes n'auoient
point de tourments à ſouffrir, il ny auroit point
d'ornements. Ce ſont leurs ſupplices qui cauſent
les delices de nos Dames, & leur vanité vient de
noſtre ignominie. Le fer, l'airain, & les autres
metaux eſtant de meſme qualité que l'or, n'ont
pas plus de dignité. Ce ſont des pieces d'argille vn
peu plus endurcies que les autres, & qui ne releuent
leur valeur, que pour ce qu'on les a tirées de la profondeur des mines. En ce ſens l'or & l'argent n'ont
point d'auantage par deſſus l'eſtain & le cuiure, ſi
on regarde leur naturelle conſtitution, & non pas
l'extrauagance des hommes.

XII. Que ſi leur vſage les rend plus conſiderable que leur eſſence, le fer & l'erain nous ſeruent
beaucoup plus, que ne fait n'y l'or n'y l'argent.
Ceux-cy ne ſont proprement neceſſaires qu'aux
riches; les autres aydent les pauures, & ſeruent à
toutes ſortes de perſonnes. On ne ſçauroit meſme ſans leur ſecours tirer les autres metaux, ny les

rafiner, ou les mettre en œuure. Les anneaux d'or
se font par l'entremise du fer, & nous gardons encor auiourd'huy d'antiques vases d'airain , auec
plus de soing , que ceux qui sont tous d'argent. Les
instrumens les plus necessaires sont des plus viles
matieres ; on ne laboure point la terre auecque des
coutres d'or, on ne bastit point vn Nauire auec de
gros cloux d'argent ; on se garde bien d'enfoncer
dans vn champ ce qui a esté tiré d'aupres du centre
de la terre, & d'exposer aux vagues ce qu'on n'ac-
quiert bien souuent qu'apres le debris de plusieurs
flottes.   Ie ne dis point maintenant que toutes les
commoditez de la vie, semblent dependre du fer
aussi bien que de l'airain, veu que les lingots mesme des plus riches mines ne se peuuét fouïr que par
leur moyen ; & que le fer les met en vogue, apres
les auoir mis en lumiere.   C'est sa force qui leur
donne de l'estime.   On peut voir par là, qu'il y a
bien de l'irregularité dans le prix des choses, veu
que l'or & l'argent, sont plus estimés que des metaux qui naissent en mesme lieu , & sont de plus
grand employ que les autres.

   XIII.   Pour les pierres precieuses, qu'on croit
ne contribuer pas moins que l'or à la magnificence
des Dames, il est certain que ce ne sont que des
cailloux mis en pieces , & de petits morceaux de
terre eschauffée par la chaleur du Soleil, & illuminée

de ſes rayons.   Elles ne s'en peuuent paſſer , &
neantmoins ils ne ſeruent , ny à ietter le fondement d'vn edifice, ny à en eleuer les murailles , ny à
en ſouſtenir le faiſte;on n'en couure point les maiſons; on ne fait que les y enfermer , pour les produire au dehors: Enfin ils ne ſont propres qu'à baſtir les diuers eſtages, ie ne diray pas d'vn cheual de
Troye , mais d'vne Pyramide qui ſe remuë , auec
l'eſtonnement de ceux qui la voyent marcher. Ce
qui les fait admirer, eſt qu'eſtant difficiles à polir,
on croit qu'ils en reluiſent dauantage : on les éleue
artiſtement les vns ſur les autres, afin qu'ils s'entre-
donnent du iour, & que leur eſclat ſoit redoublé
par leur multitude ; on les perce auecque peine,
pour les tenir ſuſpendus auec plaiſir ; on les allie
auec l'or, pour donner du prix à la beauté, & de la
beauté à ce qui ayant du prix, n'a pourtant qu'vne
couleur paſſe.

XIV.   Or voicy les differences des bizarres
obſeruations, que la vanité fait en cette matiere.
On tient que les perles ſe peſchent ſur la coſte de
Bretaigne , ou dans la mer des Indes : Ce ſont des
larmes du Ciel, ou pour parler plus ſagement des
goutes de roſée, qui ſont recueillies dans vne coquille viuante, qui les produit apres, comme vn
fruit de la terre & de la mer. Ie les veux nommer
des pommes de l'Ocean , tant parce qu'elles en ont

la figure, qu'à caufe que i'aymerois mieux qu'elles
nous feruiſſent pour le gouſt , que pour le faſte.
Qu'on vante cette Coquille tant qu'on voudra, de
moy i'eſtime, que c'eſt plutoſt vn defaut en elle,
qu'vne vertu, d'engendrer vne puſtule ; & ce beau
nom de Perle ne ſignifie autre choſe, qu'vne verüe
bien dure & bien ronde, qui s'eſt formée dans ſa
concauité. On dit meſme qu'on tire des perles du
front de certains dragons ; comme on remarque,
qu'il y a quelque eſpece de pierre dans la teſte des
poiſſons. Il ne manquoit rien à vne Chreſtienne,
que d'emprunter ſes ornemens & ſa grace d'vn ſerpent ! Eſt-ce ainſi, mes Dames, qu'elle briſera la
teſt au dragon d'Enfer, ſi elle prend de la teſte de
ſon ennemy, de quoy embellir la ſienne?

XV.   Diſons donc que ce n'eſt que la rareté,
qui donne de l'excellence à ces choſes, & qu'elles
nous font precieuſes, nous parroiſſant touſiours
eſtrangeres dás nos maiſons. On les mépriſe où elles naiſſent, & on les adore où elles ne ſe trouuent
point : l'abondance a cela de propre, qu'elle eſt
touſiours iniurieuſe à elle-meſme. Il y a des Bar-
bares qui attachent les priſonniers auec des chaiſ-
nes d'or, à cauſe qu'il eſt commun, & font cas du
fer, pour ce que leur terre n'en produit point. C'eſt
ainſi que les meſchants ſont chargez de richeſſes,
lors qu'on les ſemble punir, & que plus ils font de

mal, plus ils reçoiuent de bien. On a veu mefme des occafions, où l'or, qui a tant d'idolatres, n'auoit pas vn adorateur. Nous auons experimenté que la noblefse des Perles fembloit eftre icy efteinte par le mépris qu'en faifoient les Parthes & les Medes qui y vindrent en ambaffade : les pierres precieufes des Dames, pour efclattantes qu'elles fuffent, fembloient rougir deuant eux, pour ce qu'ils negligeoient de voir feulement ce que les autres ne pouuoient affez regarder. Il eft vray que la manie des hommes eft telle qu'ils ne defirent pas tant ces ornemens pour en faire monftre, que pour les cacher auec artifice. Les Emeraudes font couuertes dans les ceintures, leurs enfileures ne paroiffent point fur le fourreau d'vne efpée, qui neantmoins en eft tout parfemé. Il n'y a que ceux qui la portent qui reconnoiffent fon prix, & vous diriez qu'il ne s'orne pas tant pour les yeux d'autruy, que pour eftre veu de foy-mefme. Voyons-nous pas mefme des fouliers de campagne, où les perles femblent s'efforcer de fortir de la bouë qui les couure? Enfin il y a quantité de ces raretez, où il n'y en deuroit point auoir : d'où l'on doit iuger qu'elles ne manquent point, ou elles font ou bien feantes, ou neceffaires. Il y a des endroits, où elles fót tout àfait cachées, ou fi elles paroiffent, ce n'eft que pour faire voir par leur multitude, qu'on neglige leur valeur.

XVI.   Ce dereglement ne s'arrefte pas aux maiftres des maifons, il paffe iufques aux feruiteurs. Ils vont habillez de couleur auffi bien que ceux qu'ils fuiuent, & vous les prendriez pluftoft pour des Seigneurs que pour des valets. Les murailles mefme, au lieu d'eftre peintes comme autrefois, font à prefent garnies de riches tapifferies de pourpre, & de ces pieces admirables, que les oyfeufes de voftre fexe trauaillent auec tant de foin, pour mettre des parements royaux dans les maifons des Bourgeois.   Ce font de ces pieces, qu'on refait dans l'Afie apres les auoir figurées, & qui ne font prifables, que par la perte du temps qu'on employe à les acheuer. Enfin il y a des gens qui font moins d'eftat de l'écarlatte, que d'vne autre couleur rouge, mife en œuure de nouueau. Mais afin de pourfuiure plus viuement cet abus, il vous faut feulement confiderer, mes Dames, que vous ne pouuez pas tirer de gloire legitime d'vn ornement qui vient de la corruption, & d'vn mélange illicite des couleurs.   Dieu ne fe plait pas à voir ce qu'il n'a iamais produit; & c'eft vne extreme prefomption de vouloir plus faire que la toute puiffance mefme n'a fait.

XVII.   Peut-eftre que l'autheur de la nature n'auoit pas le moyen de faire naiftre les moutons auec des toifons rouges ou vertes, ou que la fagef-

se d'vn homme est plus grande que celle du Createur ? Ce n'est donc pas qu'il n'eust peu faire ces mé-
langes, mais c'est qu'il ne l'a pas voulu. Or ce que
Dieu n'a pas voulu faire ne peut pas estre licite à
l'homme. Il n'est pas entré dans le monde pour le
renuerser, mais pour y suiure l'ordre de la prouidence; doù il s'ensuit que ce qui ne vient pas de
l'autheur mesme de la nature, ne peut auoir qu'vne
nature mauuaise.   Voila pourquoy il nous faut
attribuer ces effets irreguliers au diable, qui est le
Singe, ou plutost le corrupteur de la nature encore
Vierge. Et certes, s'ils ne se peuuent pas rapporter
à Dieu, il est necessaire qu'ils se rapportent aux
Demons. Ce sont ses riuaux comme ses ennemis;
il veut sauuer les ames, mais ils les veulent perdre.
Il ny a que Satan & ses ministres qui osent entrer en
concurréce auec Dieu mesme. Toutes sortes de matiere viennent de Dieu, comme de leur cause. Mais
il n'est pas l'autheur de tous les vsages qu'on en fait.
On ne se contente pas de s'en seruir à son aise, si
l'on ne s'en sert auecque difficulté. Apres auoir trouué des perles, on s'informe d'où elles viennent, on
se trauaille à les mettre en ordre apres les auoir
mises à prix. Vous diriez qu'on n'a pas moins d'af-
faire à les placer adroitement, qu'à les faire pes-
cher au fonds des abysmes de la mer.

. XVIII. Les Ieux mesmes quoy que prophanes

ne laiſſent pas d'eſtre compoſez des creatures de
Dieu. L'idolatrie encore qui ſemble deſtruire la
nature ſe ſert des effets de ſa main, quoy quelle en
abuſe auec autant d'aueuglement que d'iniuſtice.
Mais pour cela le Chreſtien ne ſe doit pas plaire ny
à la manie du Cyrque, ny à la cruauté de l'Amphi-
theatre, ny à l'infamie de la Scene. Dieu à donné
l'eſtre au cheual & à la Panthere, & la voix à tous
les hommes ; neantmoins vn homme ne pourra
pas commettre impunément vne impieté, quoy
que l'encens qu'il offre aux Idoles, ſoit vne influen-
ce du ciel, que le vin & le feu en tiennent leur origine, & que les animaux qu'on immole, le ſubiet à
qui on les offre, & les ſacrificateurs meſmes apar-
tiennent à Dieu. Tout de meſme, quoy qu'il ait
produit par ſoy-meſme, ou par le miniſtere des
creatures, les etoffes & les couleurs, il ne s'enſuit
pas qu'on ne l'offence, ſi on ſe ſert contre ſa volonté de qui vient de ſon pouuoir. Le monde eſt
ſon ennemy, pource qu'il y a des hommes qui veulent confondre leur gloire auecque la ſienne, ou
plutoſt le mépriſer, pour ſe rendre conſiderables,
ainſi penſant paroiſtre gentils, ils ſe rendent quelque fois criminels de leze Majeſté diuine.

XIX. On ne peut douter que l'arrogance ne
ſoit la cauſe de ces recherches curieuſes, qui nous
incitent à faire venir en vn lieu, ce que Dieu à

diſtribué

diſtribué en pluſieurs, & à rendre familieres dans nos maiſons, les choſes les plus rares de l'vniuers. Il faut bien auoir de l'orgueil pour tirer vanité de ce qui n'eſt point eſtimé, où il croiſt dans l'abondance. Mais c'eſt l'ordinaire du monde, que ce qui eſt inconneu ſemble merueilleux, pour mépriſable qu'il ſoit, & que la rareté donne de la grace aux ſujets meſme qui n'en ont point. Pluſieurs ne deſirét d'auoir ce que Dieu a mis en d'autres climats que le leur, que pource qu'ils n'en ont point en leur pays. Ils s'eſtiment pauures dans leurs richeſſes, d'autant qu'ils eſtiment les autres riches dans leur pauureté. De ce vice, il en naiſt vn autre, à ſçauoir le deſreglement; on ne ſe contente pas d'auoir des choſes rares, ſi on n'en a dans la ſuperfluité. Cependant il faut regarder que la mediocrité eſtant neceſſaire en toutes ſortes de choſes, elle l'eſt encore plus en l'acquiſition de celles qui nous couſtent beaucoup, & ne nous raportent point de profit.

XX.   Or ce deſir irregulier, ou pluſtoſt cette fureur s'appelle ambition, ou vne brigue que la concupiſcence fait dans l'ame, en faueur de la vaine gloire, pour emporter la raiſon par des affections baſſes, & indignes de la nature de l'homme. Il faut auoüer que ce deſir eſt bien vicieux qui vient plutoſt de la corruption que de l'inſtinct de

la nature , qui regarde l'apparence des chofes &
non pas leur folidité , & qui monftre plutoft la
foiblefle de noftre efprit , que la force de noftre
pouuoir.   Cette mefme manie a mis les chofes à
vn prix, qu'elles fe deftruifent les vnes les autres, &
qu'il faut perdre beaucoup pour gaigner peu.   De
plus, la conuoitife fe trompe elle mefme faifant
beaucoup valoir les chofes afin d'auoir beaucoup
de peine à les acquerir. On enferme quelquefois en
de petites boëttes la valeur d'vn grãd heritage ; on
met fur vne ceinture le reuenu de plufieurs domai-
nes. Vne Simarre couftera quelquefois vingt-cinq
mil efcus : On voit fur le chef d'vne coquette le
prix de plufieurs maifons, elle a des pendans d'o-
reille qui epuifent par auance la defpence de tout
vn femeftre.   Ses mains portent en chaque doigt
la valeur de plufieurs facs d'or & d'argent, elle fe
iouë des richeffes pour faire adorer fa beauté.   Ce
font les forces de l'ambition, que de faire qu'vn
corps foible comme eft celuy d'vne femme porte
la fubftance d'vne infinité de threfors.   Ces pou-
pées dont ie parle peuuent dire par folie ce que le
fage difoit par vn principe de prudence, à fçauoir
qu'elles portent auec elles tout ce qui leur appartient.

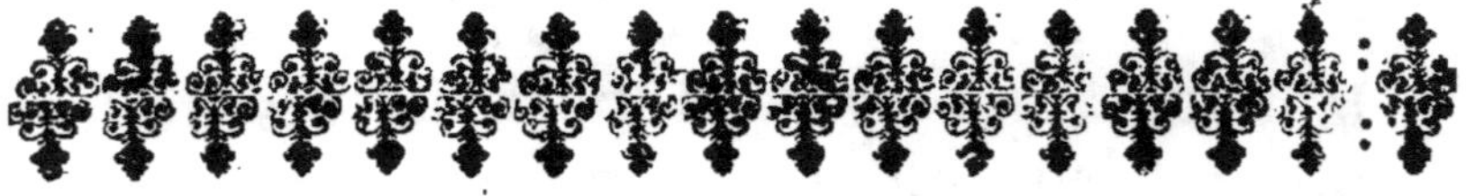

ARGVMENT.

Ertullian ayme trop la perfection des Dames pour ne leur en parler qu'vne seule fois, & elles ont trop d'inclination à se parer pour leur pouuoir si tost persuader vne negligence vertueuse. Il s'adresse donc derechef à elles, & quoy qu'il se die leur seruiteur il ne laisse pas de les enseigner en Maistre. Au reste ce discours n'a point d'autre subiet general que le precedent, mais en particulier, l'ordre en semble estre changé, comme le tiltre l'est en la pluspart des exemplaires. Ou bien nous pouuons dire que Tertullian blasmoit tantost specialement le soin affeté qu'ont les femmes de leurs habits, & qu'a present il semble faire vne Satyre contre le soing du corps mesme. Mais enfin on peut voir par la lecture qu'il y a beaucoup de conformité entre ces deux traictés differens, & que l'autheur ne semble pas tant produire icy quelque chose de nouueau, que prouuer plus clairement ce qu'il auoit auancé. Il donne pour maxime au premier chapitre, que la pudicité ayant son principe dans l'ame doit produire quelques effets au dehors, & qu'elle consiste aussi bien dans la modestie des habits, que dans l'integrité de la chair. En effet il y a de l'irregularité de voir

ᴠne femme qui fait eſtat de la pieté, & qui neantmoins
s'habille à la mode des impies. Noſtre contenance doit parler quand nos langues ſe taiſent.　On doit ᴠoir noſtre pro-
feßion de Foy iuſques ſur nos vétements. En ſecond chef il
fait voir que le grand deſir qu'ont pluſieurs fémes de plaire
exceßiuemét aux hommes, deſplaiſt extremement à Dieu,
& qu'vn corps trop aiuſté ſignifie d'ordinairement ᴠne
conſcience negligente. Il eſt bien difficile de ſeruir à l'eſprit
& à la maſſe, & d'accorder deux ſuiets contraires apparemment, ſans choquer ny l'vn ny l'autre. Dans le troiſieſme il conclud qu'ᴠne femme a l'entendement bien groſſier,
qui penſe tirer ſa gloire de la chair & de l'ordure, & que
nos membres ne nous rendent pas illuſtres, eſtant embellis
par artifice, mais eſtant defigurés pour la querelle de Dieu.
C'eſt ſon intereſt qui rend les gibets glorieux & les couronnes mépriſables.　Le quatrieſme Chapitre ne ſert
qu'à iuſtifier qu'vne Dame n'a point beſoin de quātité d'ornemens pour agréer à ſon mary, veu qu'elle eſt deſia vne
moitié de luy-meſme, & qu'il ayme plus la chaſteté que
tous les attraits de ſa femme.　Pluſieurs ſeroient bien-
aiſes de voir leurs épouſes ſages, & ce n'eſt pas tant la laideur que le Luxe qui les incommode notablement. Dans le
cinquieſme l'autheur inuectiue principalement contre celles
qui prennent des medicamens pour ſe perdre pluſtoſt que
pour ſe guerir, & qui ſemblēt reformer les deſſeins de Dieu,
en alterant leur nature à force de fard & d'onguents mix-
tionnés. Dans le ſixieſme il deſcrie ces indiſcrettes, qui s'af-

frannant leurs cheueux pour les faire deuenir blonds semblent se donner vn presage à elles-mesmes du feu qui les doit
brusler eternellement , si elles ne font penitence dans le
temps. Elles portent la couleur de leur supplice & non pas
de leur triomphe. Dans le septiesme il abat l'orgueil de
celles qui semblent mettre plusieurs testes sur vne seule, &
faire de petites tours de la plus haute partie de leurs corps.
Il fait voir là que leur ambition est d'autant plus ridicule,
qu'elles pensent se rendre prisables par les mesmes voyes
qui les exposent à la risée du monde. Dans le huictiesme il
s'en prend aux hommes qui s'aiustent pour plaire aux femmes, & semblent renöcer à leur dignité pour estre agreables
à leurs suiettes : & il monstre en condamnant son propre
sexe, qu'il n'accuse pas l'autre par ialousie , mais par raison. Le neufiesme Chapitre retranchant la superfluité des
habits, en permet vne mode bien seante, mais il nous monstre apres tout, que les Dames ne se doiuent seruir de leur
pompe que comme si elles n'en auoient point. Il ne faut pas
qu'elles s'attachent au siecle viuant pour l'eternité, ny qu'elles quittent l'esperance d'vne gloire eternelle pour se faire
estimer par les yeux des ignorans, & par la baue d'vn
ver. L'autheur repete encore au dixiesme ce qu'il auoit
prouué au second du premier traité, à sçauoir que le luxe
des habits ne vient pas de Dieu, mais des mauuais Anges
qui iettent le desreglement dans nos mœurs par celuy de nos
habillements. Dans l'vnziesme il represente aux femmes,
que n'ayans point d'employ qui soit esclattant elles n'ont

point de raiſon d'aller magnifiquement veſtuës , & qu'il
il y doit auoir quelque difference à l'exterieur entre les
ſeruantes de Dieu , & les eſclaues du Diable. Autrement
celles qui portent vne meſme marque ſemblent faire vne
meſme profeſſion. Il adiouſte au douzieſme que cette affe-
terie qu'il blaſme conuient pluſtoſt aux desbauchées qu'aux
Dames d'honneur , & fortifie ſes raiſons par des teſmoignages exemplaires de l'eſcriture. Dans le dernier il leur
remonſtre que leur Foy doit paroiſtre dans leurs œuures, &
leur Religion dans leur contenance ; qu'enfin les delices ne
ſont pas propres pour vn temps, où les fidelles ne doiuent
ſonger qu'au Martyre , & qu'il faut que les femmes facent vn ſiecle d'or , d'vn ſiecle de fer, non pas en ornant leur
teſtes , mais en les ſoumettant au glaiue des perſecuteurs.
Nous ne ſommes plus ſous le regne des ennemis de l'Egliſe,
mais nos Dames n'ont pas moins beſoing d'eſtre ſauuées
que les Martyres. Si Dieu leur donne plus de repos qu'aux
Chreſtiennes du temps paſſé , qu'elles ſçachent que ce n'eſt
pas pour l'offencer plus ſeurement , mais pour l'honorer
auec moins de difficulté.

TERTVLLIAN
DES ORNEMENTS
DES FEMMES.

LIVRE SECOND.

ES DAMES,

I. Ie ne doute point que mon difcours ne vous femble plutoft temeraire que hardy, voyant qu'e-ftant la moindre perfonne du monde, ie veux par-ler à celles qui paffent partout pour des perfonnes de grande confideration. Mais fi vous regardez que comme vous eftes feruantes de Dieu i'en fuis auffi feruiteur, & que mefme dans ma baffeffe i'ay l'honneur d'eftre voftre frere ; vous approuuerez mon zele au lieu de blafmer mon imprudence, & n'attribuërez pas ces auertiffements à vn defir que i'aye de vous corriger par vne feuerité affectée,

mais plutoſt à l'affection que i'ay pour voſtre ſalut. Vous ſçauez bien que le Paradis eſtant fait
pour les femmes auſſi bien que pour les hommes,
vous en deuez prendre le chemin coniointement
auecque nous, & que ſi vous ne gardez ſoigneu-
ſement voſtre pudicité vous perdrez infailliblement la couronne qui vous attend. Il faut auoir icy
bas de l'honneſteté pour auoir là haut de la gloire.
Nous ſommes tous des téples de Dieu depuis que
le ſainct Eſprit eſt venu nous ſanctifier par ſa preſence & par ſa demeure, mais on peut dire que la
chaſteté eſt la gardienne de ce temple, veu qu'em-
peſchant qu'il n'y entre rien de prophane ny de
ſoüillé , elle empeſche auſſi que Dieu n'en ſorte
pour quelque obiet qui luy offence les yeux.

I I.   Mais ie ne veux pas faire icy l'éloge d'vne
vertu que la loy de Dieu vous recommande ſuffi-
ſamment, ie parleray ſeulement de quelques qualitez qui l'accompagnent, & m'entretiédray auecque vous de vos habits ſans offencer vos perſonnes.   Et pour vous monſtrer que ie ne veux rien
diſſimuler, ie vous diray d'abord auec beaucoup de
ſincerité, qu'il y a quelques femmes, qui par vne
ſimplicité ignoráte, ou par vne ruſe qui tient beaucoup de l'effronterie, paroiſſent en public auec auſſi
peu de retetenuë, comme ſi la pudicité ne conſi-
ſtoit que dans l'integrité de la chair, & l'auerſion

de

de l'adultere ; & que la perfection du dedans ne
dûtiamais se faire voir au dehors. Ie parle de leurs
abus & non pas d'vne mode bien-seante. Ie dy
donc qu'elles perseuerent encore dás ces folies qui
les portét à se parer pour se rédre desagreables aux
yeux de Dieu en agreant à ceux du monde. Vous
prendriez ces Chrestiennes pretéduës pour des personnes qui n'ayant point de connoissance de Dieu
qui est le maistre de la verité comme de la religion,
n'ont pas seulement l'idée de la vraye honnesteté.
Il n'y a rien de sainct où le vice est adoré solemnel-
lement.

III.   Et certes quoy qu'on remarque dans les
infidelles mesmes quelque espece de pudeur, elle
à neantmoins plus de défauts que de perfections;
& dans leur retenuë il y a tousiours beaucoup de
dissolution. L'esprit tient quelquefois pour la
vertu, mais le corps se declare contre elle: leur interieur semble bien reiglé, mais leur exterieur marque vn manifeste dereglement. Elles s'eloignent
du dernier effet de l'infamie, mais elles cherchent
apparemment les satisfactions qui la semblent
accompagner. Leur loy leur permet cela si la nostre nous le defend, elles ne croyent pas pecher de
se comporter ainsi, veu qu'elles se croiroient coupables si elles faisoient autrement que leur religion
ne leur dicte. Combien peu en trouuerez vous

E

parmy elles, qui ne soient fort aises de plaire aux etrangers aussi bien qu'aux domestiques, & qui s'abstiennent à escient de se parer pour monstrer aux hommes qu'ils ne doiuent pas pretendre d'auoir ce qu'on ne leur permet pas de desirer?

IV. La continence des Gentils à la verité peut bien les empescher de faillir par œuure mais non pas par pensée; ou si quelqu'vn peut faillir & ne le veut pas, ou que sa volonté s'accorde auecque son impuissance, ou enfin qu'il peche sans auoir dessein de pecher; il faut auoüer que c'est vn miracle naturel, & vn prodige dans vn estat où la nature agit de ses seules forces. On se doit estonner de voir que la corruption engendre l'integrité, & que tout ce qui ne vient pas de Dieu estant purement prophane, l'infidelité neantmoins semble auoir quelque chose de sacré. Il ne faut pas pourtant que ces femmes idolatres fassent les vaines: car outre qu'elles ne possedent pas vn bien parfait, elles meslent auec le mal ce peu mesme de bonté qu'elles ont. Quant à vous, mes Dames, comme vous vous esloignez de leurs superstitions en matiere de religion, vous deuez aussi vous en esloigner en matiere de mœurs & d'habillemens. Si vous deuez estre parfaites comme vostre pere qui est au ciel, il ne vous faut pas imiter les imperfections des filles de Lucifer.

V. Or la perfection Chreſtienne requiert qu'v-
ne femme chaſte, non ſeulement ne ſouhaitte pas
qu'on ait des deſirs de la poſſeder, mais encor
qu'elle abhorre ceux qu'on pourroit auoir côceus.
Elle ſe doit perſuader que la paſſion de plaire aux
hommes par le moyen de la beauté, ne vient pas
d'vne conſcience où la grace regne; veu que c'eſt
l'auant-couriere, & l'allumette d'vne infame lubricité. A quel propos donc rechercher vn mal auquel vous auez renoncé ſolemnellement, & au
lieu d'attendre le peché pour le vaincre, l'attirer
volontairement dans vous meſme, afin de luy donner la victoire ſur voſtre cœur ? Nous ne deuons
pas ouurir le chemin aux tentations, qui ne trouuent que trop d'ouuerture dans la nature corrompuë, & qui par leur importunité emportent quelquefois des conſentemens, que nous leur refuſions
au commencement, & faiſans reuolter la chair
contre l'eſprit, triomphent de l'vn & de l'autre, ou
du moins ſcandaliſent l'ame quand elles n'offen-
ceroient pas le corps. Vous eſtes obligées de monſtrer aux yeux du monde ce que vous eſtes aux yeux
de Dieu, & de prouuer voſtre foy par voſtre port,
& par vos habits. Aſſeurez-vous à vous-meſme
par vne genereuſe reſolution, & ne mettez point
d'empeſchemét à la grace qui conſerue la chaſteté,
ſi vous ne pouuez pas la conſeruer de vous meſme.

VI.　La presomption & l'impudence sont également vicieuses, car celles qui presument beaucoup de leurs forces craignent moins leurs ennemis, & courent de grands dangers pource qu'elles
ont peu de precaution. La crainte est le fondement
du salut, comme la presomption est l'obstacle & la
ruine de la crainte.　Il vaut donc bien mieux apprehender de faillir & ne faillir point, que de faillir en effet sans apprehender de le faire ; car l'ap-
prehension produira la retenuë, la retenuë engen-
drera la prudence qui regarde l'aduenir, & cette
belle circonspection nous asseurera dans les occasions les plus glissantes. Au contraire si nous n'a-
uons ny crainte, ny preuoyance, nous ne nous
sauuerons que par miracle, & perirons mesmes où
il y aura moins de peril. Celuy qui croit estre asseu-
ré n'ayant point de soing, n'a en effet qu'vne seureté branlante & mal establie ; mais celuy qui dans
son asseurance a vne belle inquietude, possede vne
vraye & parfaite seureté.　Il est bien vray que la misericorde de Dieu peut beaucoup aider ses serui-
teurs dans leur misere, mais nous deuons agir auec
luy, si nous voulons regner auec luy.　Nostre estre
ne despend pas de nous, si fait bien nostre salut en
partie : que si nous deuons tant craindre pour nous
mesmes, nous deuons encore auoir plus de crainte
pour nous mesmes & pour les autres.

VII. Cela eſtant ainſi, mes Dames, ne doit-on pas blaſmer celles de voſtre ſexe, qui apres s'eſtre perduës, taſchent de perdre les hommes, & les engagent dans leur peril, au lieu de s'en retirer? N'ont ils pas aſſez des aiguillons de leur concupiſcence, ſans qu'elles leur on donnent de nouueaux, & ſans qu'elles faſſent paſſer leur feu de leur cœur dans les yeux de leur prochain. Qu'elles ſçachent que la loy nouuelle punit auſſi bien l'adultere de la penſée, cóme celuy qui ſe commet en effet, & qu'vne perſonne qui eſt cauſe de la damnation d'vne autre, doit ſans doute participer à ſon chaſtiment. On vous demandera conte des ames que vous auez perduës volontairement par la bonne grace de voſtre corps. Ces pauures aueugles n'ont pas ſi toſt apperceu voſtre eſclat trompeur, qu'ils ſe ſont bruſlez comme des papillons à la chandelle; leur deſir les a d'abord rendus criminels. Ils ont deſia fait en l'eſtime de Dieu ce qu'ils ont eu deſſein de faire, & vous qui faites les delicates auez ſeruy de glaiue à la main du Diable pour les meurtrir. Ie veux bien que vous ſoyés exemptes de coulpé, vous ne ſerez pour le moins pas garanties de ſoupçon; quand on fait vn vol dans les terres de quelqu'vn, il n'eſt pas à la verité conuaincu de crime comme vn voleur, mais pourtant l'infamie d'vne choſe qui luy appartient, paſſe iuſques à luy par vne eſpece de reflexion contagieuſe.   E iij

VIII. Que ſi quelque effrontée a bien le cœur
de ſe parer à deſſein pour faire perir tous ceux qui
la regarderont ; ie luy demande, ſi elle fait profeſſion d'vne loy qui nous oblige d'aimer le prochain
comme nous meſmes, & d'auoir plus de ſoing de
ſes intereſts que des noſtres ? Le ſainct Eſprit ne
diſtingue point en quoy nous le deuons ayder,
pour ce qu'il veut que nous l'aidions en toutes choſes, & en toutes occaſions. Que ſi nous deuons
l'ayder neceſſairement, luy pouuons-nous nuire
dans l'innocence ? Ainſi donc la beauté des femmes eſtant auſſi dangereuſe aux hommes qu'aux
ſujets où elle ſe trouue, vous ne deuez pas ſeulement, mes Dames, reietter tout cet appareil exterieur de parures, ou pluroſt d'effronterie ; mais
encore vous deuez couurir par vne negligence iu-
dicieuſe, & par vne vtile diſſimulation, les graces
meſme naturelles que vous auez. Vous ne deuez
pas laiſſer voir ce qu'on ne voit que pour mourir.
Ie ſçay bien qu'à parler abſolument la beauté n'eſt
pas blaſmable pour eſtre aymée, veu qu'on la peut
appeller le vray bon-heur, & le plus haut honneur
du corps, le chef-d'œuure des mains de Dieu, &
comme la robe viſible de l'ame. Mais s'il ne la faut
pas apprehender en elle meſme, il la faut craindre à
raiſon du tort qu'elle peut faire à ceux qui la voyét,
en les faiſant mourir par vne douce violence de

leur amour. Nous ne sommespas si saincts que le
pere des fidelles, & neantmoins Abraham se défia
de la veuë de la beauté de sa femme mesme, & se
trouuant en danger, il se sauua en subissant la honte qu'il eut de passer pour frere de Sara.

IX. Mais quand bien la beauté ne seroit pas dangereuse aux personnes qui la possedent, ny dommageable à celles qui desirent d'en iouyr, ny sus-
pecte mesme à ceux qui luy sont le plus familiers,
ny exposée aux tentations, ny feconde en matieres
de scandale ; il suffit pour se persuader, qu'il n'en
faut pas faire grand estat, de sçauoir qu'elle n'est
point necessaire aux Anges de Dieu, ny aux personnes qui dans la chair viuent veritablement en
esprit. En effet où la pudicité regne, la beauté n'a
plus de vogue, pource qu'elle luy est inutile. L'v-
sage & le fruit de la grace du corps, n'est autre
chose qu'vne brutalité, que les sensuels peut-estre,
appelleroient bien-seance. Il n'appartient qu'à
celles qui se pensent obliger elles mesmes en donnant aux autres les faueurs qu'ils leur demandent,
de chercher des moyens pour augméter leur beauté naturelle, ou d'en trouuer par artifice, si la nature ne les en a pas auantagées. Ie voy bien que ce discours n'agreera pas aux libertins, quoy qu'il doiue
plaire aux sages. Ils me diront que la chasteté ayant
esté introduite dans vne ame, l'impudicité en a esté

auſſi-toſt bannie ; qu'il eſt permis de iouyr de l'a-
gréement de ſa beauté, ſans en tirer d'infames
plaiſirs ; & que ce n'eſt pas mal fait de ſe glorifier
d'vn excellent bien du corps. Mais à parler veritablement, n'eſt-ce pas vn opprobre, que de tirer ſa
gloire de la chair, faiſant eſtat de n'en auoir point?
Et puis les Chreſtiens, quoy qu'ils ſoient d'vne fort
haute condition, ne recherchent point de gloire;
ſçachant bien qu'elle produit la ſuperbe, & que
l'orgueil n'eſt pas conforme à la profeſſion de ceux
qui ſuiuant les conſeils & les commandements de
leur Maiſtre, ne doiuent vacquer qu'à l'humilité.

    X.   Dauantage, ſi toute la gloire du monde
n'eſt proprement que vanité, & qu'vne ſottiſe adorée, il faut dire que celle qui conſiſte dans la moindre partie de nous meſmes, eſt ſans doute la plus
baſſe. Permis à vous de renoncer à la ſageſſe, pour
vous rendre conſiderables par la folie : pour nous,
nous mettons noſtre gloire dans les biens de l'eſprit, & non pas dans les ornements du corps. Ne
faiſant eſtat que ce qui eſt immateriel, nous n'a-
uons garde de nous attacher à la maſſe, nous ſon-
geons à ce qui eſt immortel, & non pas a vn ſujet
corruptible. Noſtre ioye & noſtre agréement conſiſte en ce qui a du rapport aux œuures que nous
faiſons.   Nous ne cherchions point de gloire icy
bas que dans ce qui nous en peut donner vn com-
                                                    ble

ble la haut. Que ſi les Chreſtiens ſe glorifient dans
la chair, ce n'eſt que lors qu'elle eſt deſchirée pour
l'amour de IESVS CHRIST, & qu'ils eſperent
voir couronner leur ames par les ſouffrances de
leur corps, & non pas attirer les yeux & les cœurs
d'vne ieuneſſe diſſoluë. Ils ayment mieux ſouſpirer ſous la peſanteur de leurs tourmens, que de
faire ſouſpirer les autres apres la poſſeſſion de leurs
bonnes graces. D'où vous pouuez recueillir, mes
Dames, que la beauté eſtant vn bien ſi inutile comme i'ay dit, vous la deuez negliger ſi vous l'auez, &
ne la pas eſtimer, & beaucoup moins deſirer ſi
vous en eſtes deſpourueuës. Vne femme vertueuſe
quoy qu'elle ſoit belle naturellement, ne doit pas
chercher les occaſions de paroiſtre telle ; elle ne
peut pas ignorer ſes perfections, mais elle peut
bien s'empeſcher de les produire où il ne faut pas.

XI. Mais pour vous monſtrer que ie ne vous
veux pas traiter en ennemy, ie vous veux parler
ſuiuant les principes de la ſocieté, où l'amour vous
à engagées. Il eſt aſſeuré, mes Dames, que vous ne
pouuez, ou plutoſt que vous ne deuez plaire qu'à
vos maris. Or vous leur agréerez d'autant plus que
vous vous ſoucierez moins d'agréer aux autres. Ce
n'eſt pas vn mal-heur pour vous, c'eſt vne parfaite
felicité, & voſtre affranchiſſement conſiſte dans
voſtre contrainte. Vous ne ſeriez peut-eſtre pas

belles au gré de tout le monde, mais il ny a point
de femme qui soit laide à la veuë de son mary.
Elle s'est renduë assez recommandable à ses yeux
par sa grace, ou par ses mœurs, veu qu'il l'a choisie
pour luy tenir tousiours compagnie. Et ne pensez
pas que si vous cessez de vous embellir extraordinairement, vos maris cessent de vous aymer. Tout
homme marié exige plutost de sa femme la chasteté du corps que des ornements superflus, mais principalement parmy les Chrestiens, vn espoux ne regarde pas tant le visage que l'alliance, pource que
les biens qui rauissent les Gentils, nous semblent
estre indifferens.

XII. Les infidelles mesmes tiennent leurs
femmes suspectes, quand elles se tiennent trop aiu-
stées, & ne nous soupçonnent quelquefois d'vne
impureté incestueuse, que pource qu'ils croyent
que les femmes de quelques Chrestiens, ne peuuent estre parées & honnestes tout ensemble. Pour
qui est-ce donc qu'vne femme peut conseruer sa
beauté, si les Fidelles mesmes n'en font point de
cas, & si les Gentils s'en défient ? N'est-ce pas vne
folie extréme de vouloir plaire à ceux qui negli-
gent ces agréements, ou qui les trouuent suspects?
Or ie ne pretends pas en vous proposant ces choses, faire des monstres des plus beaux composez du
monde, ny introduire la barbarie dans la plus dou-

ce compagnie qu’on puisse voir sous le ciel. Ie ne
veux pas que les femmes facent vn fumier de leur
corps, ny aussi qu’elles l’embellissent de telle sorte
que ce ne soit plus vne partie d’elles mesmes. I’ay
soing de leur beauté, mais i’en ay dauantage de
leur pudeur. Il ne faut pas condamner les ornemens, mais leur excez. La gentillesse n’est pas
blasmable, tant quelle s’accorde auec la iustesse de
la raison. Ie dis seulement qu’il ne faut pas outre-
passer l’honnesteté, pour suiure vne passion des-
reglée. La propreté peut bien subsister sans le luxe
des parures. On ne doit pas quitter la mediocrité,
qui plaist à Dieu, pour aller à vne extremité vi-
tieuse qui plaist aux hommes.

XIII. C’est contre la diuine Majesté que pe-
chent celles qui se fardent, pour estre prises pour
autres qu’elles ne font, en pensant se faire con-
noistre auec plus d’esclat. Ie blasme ces indiscrettes
qui prennent des medicaments, non pas pour se
guerir, mais pour se défigurer; qui mettent du vermillon à leur iouës, plutost pour auoir plus d’impudence que pour rougir; qui se frottent les yeux
auec de la suye, pour monstrer par auance, que ce
font des charbons allumez pour brusler durant
toute l’eternité. Les ouurages de la main de Dieu
déplaisent à ces personnes; elles blasment & re-
prennent en elles mesmes le souuerain artisan de

toutes choſes. N'eſt-ce pas le reprendre viſiblement, que de reformer ce qu'il a fait, d'y adiouſter,
& retrancher temerairement ce que l'on veut &
qu'il ne veut pas, & de prendre de la boutique de
ſon capital ennemy, ie veux dire du Diable, de
quoy acheuer ce qui manque aux creatures?

XIV. Il ne faut point diſſimuler quand la choſe parle: il ny a point d'autre maiſtre qui puiſſe apprendre à changer les corps, que celuy dont la malice à changé l'eſprit de l'homme par le peché. C'eſt
luy ſans doute, qui a trouué toutes ces inuentions
pour faire la guerre à Dieu dás nous meſmes, & bar-
boüiller par nos propres mains l'Image du Createur, qui reluit ſur noſtre front. Tout ce qui naiſt,
eſt propremét vn ouurage de Dieu, mais ce qui eſt
contrefait, eſt vne production du Diable. Or quel
crime eſt-ce à voſtre aduis, que de penſer acheuer
les ouurages de Dieu, par les deſſeins de Satan?
Certes il y a bien de l'impudence en cette entre-
priſe, mais il y a bien de l'aueuglement. Nous ne
voyons point que nos ſeruiteurs empruntent rien
de nos ennemis. Les Soldats ne vont point rechercher de commoditez chez celuy qui combat côtre
leur chef. Car de demander quelque choſe pour
ſon vſage à celuy qui eſt d'vn contraire party, c'eſt
ſe rendre criminel, & la bien-ſeance eſt plus re-
gardée en cela que la neceſſité meſme.

XV. Eſt-il donc poſſible qu'vne perſonne Chreſtienne veuille eſtre aydée du malin eſprit, à qui elle a renoncé ſolemnellement? ie ſçay bien au moins qu'elle perdra ſon nom, ſi elle en reçoit du ſecours, & s'appellera comme celuy, dont elle ſuit les maximes. Or qui ne voit combien le fard eſt contraire à la profeſſion du Chriſtianiſme, auſſi bien qu'à la raiſon naturelle? N'eſt-ce pas vne choſe indigne d'vne Chreſtienne, que de porter vn viſage qui ſe demonte, pour bannir abſolument la ſimplicité du cœur ; de ne mentir pas ſeulement par parole, mais par effet, en diſſimulant ce qu'on eſt au dedans par ce qu'on voit au dehors ; de ſouhaitter d'auoir ce qui ne nous à iamais eſté donné, ſçachant cependant qu'il ne faut pas deſirer le bien d'autruy ny s'attacher à ce qu'on a : en vn mot, d'expoſer publiquement toute ſa beauté, ayant deſſein de garder la continence? Dites moy, mes Dames, celles qui n'obſeruent pas les lineamens que Dieu a tracez de ſa main dans la compoſition de leur corps, comment obſerueront-elles ſes loix pour le reglement & l'edification de leurs ames?

XVI. Nous en voyons meſme pluſieurs qui ſaffrannent leurs cheueux pour leur faire changer de couleur, comme ſi elles auoient honte du pays de leur naiſſance. Elles croyent changer de climat en changeant apparemment leur cheuelure, &

deuenir Françoifes & Allemandes en deuenât feulement blondes. Cependant elles deuroient confiderer que femblant prendre vne tefte de feu, elles donnent des prefages temporels de leur eternel malheur, & qu'elles eftiment beau vn fujet qu'elles faliffent. Outre que toutes ces mixtions qu'on met aux cheueux les bruflent au lieu de les colorer: Il ny a point d'eau pour bien faifante qu'elle foit, qui ne faffe mal au cerueau, quand on en prend trop fouuent ; & la chaleur du foleil qui eft plus propre à bien ajufter la tefte, ne nuit pas moins quelquefois que cette humidité recherchée. Mais apres tout, y a-il de l'honneur dás l'ignominie? y a-il de la beauté dás l'ordure? Quoy, vne femme Chreftienne iette du faffran fur fa tefte, comme fi elle la vouloit immoler deuant l'autel des Demons? On peut appeller facrifice tout ce qu'on brufle à l'honneur du Diable; & lors qu'on deftourne les creatures d'vn bon vfage à l'abus, on quitte le deffein de Dieu, pour fuiure celuy de Satan.

XVII. On s'efloigne des intentions de IESVSCHRIST, auffi bien que de fes maximes. Il dit que perfonne ne peut d'vn cheueu noir en faire vn blanc, ny d'vn blanc vn noir. Il y a pourtant des extrauagantes qui le croyét démentir. Il y en a parmy elles qui fe vantent de faire vne blonde cheuelure de celle qui eftoit blanche, & d'autres qui de

blanche, tafchent de la rendre noire, comme fi elles
fe fafchoient d'auoir vefcu iufques à la vieilleffe,
ou qu'elles creuffent rajeunir en effet, rajeuniffant
en apparence: n'eft-ce pas vne eftrange temerité,
ou plutoft vne folemnelle extrauagance ? On a
fouhaitté de venir iufques à vn âge, où l'on à honte
de fe voir. On confeffe fa fourbe, on regrette la
ieuneffe, non pas pour l'auoir mal employée, mais
pource qu'on ne peut plus faire de mal ; on cherche des occafions de mefchanceté, la nature femblant nous les retrancher. A Dieu ne plaife qu'vne
telle folie s'empare iamais de l'efprit des filles de la
fageffe ; qu'elles confiderent que plus on s'efforce
de cacher la vieilleffe, plus elle fe manifefte. Quand
vne femme n'a plus de cheueux, il faut qu'elle fon-
ge à l'eternité, & non pas à vne autre ieuneffe. C'eft
dans la maifon de Dieu, que nous nous reueftirons
de l'incorruptibilité que l'innocence nous promet.
Les vieilles doiuent fe refiouyr de ce qu'elles s'approchent de noftre Seigneur, en s'efloignant de
la vigueur de leur âge. Elles ont raifon de tafcher
de fortir promptement de ce monde, voyant qu'elles n'y peuuent viure iufques à la fin qu'auec beaucoup de difformité & de difgraces vifibles.   Au
contraire celles qui femblent auoir honte de tirer
vers la fin, femblent fe repentir d'aller promptement dans le fein de Dieu.

XVIII. Mais pour parler aux ieunes beau-
tez, aussi bien qu'à celles qui sont passées, quel plaisir trouuent elles à changer leur teste pour l'embellir, & à mettre leur corps à la gehenne pour agréer
aux yeux d'autruy ? D'où vient qu'elles ne laissent
iamais leur cheueux en repos, & que tantost elles
les lient, & puis elles les relaschent, elles les re-
haussent en vn temps & les rabattent en l'autre.
Quelques-vnes se plaisent à les restraindre en les
annelant, & d'autres les laissent espars à la negligence, par vne simplicité malicieuse, & plus dangereuse que l'artifice. On en voit encore plusieurs
qui mettent des coiffes rapportées sur leur cheueux
en forme de chapeau, comme des gaines du chef,
s'il faut ainsi parler, & d'autres fois les retroussent
sur le derriere de la teste. C'est vne chose estrange
que des creatures raisonnables semblent auoir iuré
d'aller contre les ordres du Createur ! Il a dit que
personne ne pouuoit rien adiouster à sa stature, ny
à son poids ; on trouue neantmoins des femmes
qui augmentent l'vn & l'autre, en mettant sur leur
teste des pyramides, qui semblent plutost des pains
de sucre, ou des boucliers, que des coiffes.

XIX. Si elles n'ont pas de honte d'vne parure si extrauagante, elles en deuroient auoir de l'infamie qui s'en ensuit. On met quelquefois sur la
teste des Chrestiennes les despoüilles d'vn vilain,
ou d'vn

ou d’vn pendu; & on ne fait ainſi qu’vn compoſé
d’vn ſuiet impur, & d’vn qui doit eſtre ſainct. On
pourroit adiouſter que des perſonnes qui ſont li-
bres ne peuuent s’aſſuiettir à la ſeruitude que cauſent ces affiquets, ſans renoncer à leur dignité. Mais
qu’eſt-il neceſſaire de raiſonner, où la loy meſme
eſt expreſſe ? C’eſt en vain, mes Dames, que vous
trauaillez à paroiſtre belles, & que vous occupez
tous les artiſans pour embellir vos cheueux. Dieu
veut que vous alliez la teſte couuerte. Vous voulez rendre la nudité bien-ſeante, mais il vous ordonne de porter des voiles.

XX. Si Dieu me fait la grace au iour du Iugement de pouuoir leuer la teſte à vos pieds; que
i’auray de plaiſir à voir ſi vous reſuſciterez auec tous
ces ornemens de teſte que vous portez, & ſi le feu
qui purgera l’vniuers ne vous oſtera point ce blanc
d’Eſpagne, ce vermillon & cette pommade; ou ſi
les Anges vous porteront au deuant de IESVS-
CHRIST toutes peintes & ajuſtées comme vous
eſtes. Si ces couleurs & ces atours, ſont des biens
qui appartiennent à Dieu, ſans doute qu’ils ſe re-
preſenteront à la reſurrection des corps, & recon-
noiſtront leur place pour s’y remettre. Mais il eſt
certain qu’il n’y a que la chair & l’eſprit dans ſa pure
ſimplicité qui doiuent reſuſciter : D’où il s’enſuit
que ce qui ne doit pas reſuſciter auec la chair &

G

l'efprit eft condamné par auance à l'aneantiffe-
ment, pource qu'il n'eft pas à Dieu. Aprenez donc
auiourd'huy, mes Dames, à vous paffer des chofes qui font defia condamnées, & qui ne font def-
fendues, que pource qu'elles vous peuuent faire
perir auec elles. Que Dieu vous voye auiourd'huy
telles qu'il vous verra vous venant iuger à la con-
fommation des fiecles. Sçachez que ce fard, qui
vous rend agreables aux infenfez ne vous pourra
point couurir deuant la face de I E S V S-C H R I ST;
vous ne pourrez plus vous feindre, où toutes les
veritez feront reconneuës à veuë d'œil.

XXI. Mais peut-eftre qu'on croira, que c'eft
par enuie que ie veux ofter aux femmes la poffeffion de leur beauté, & que ie fuis leur riual, à caufe
que ie fuis homme. On dira que i'ay de la ialoufie
de ce qu'elles ont vn auantage, qui conuiendroit
mieux à noftre fexe, pource qu'il eft le plus exellent;
& que fi elles nous doiuent obeyr, ie voudrois
qu'elles nous fuffent inferieures en toutes chofes.
Et puis c'eft vn defir naturel, qui porte les hommes
à plaire aux femmes, & les femmes à plaire aux
hommes. Toutesfois pour faire voir que ie fuis
desintereffé, quoy que ie fois d'vne autre condition qu'elles, ie blafmeray auffi bien nos folies que
leurs defauts. Nous auons des inuentions de mefme que les femmes pour changer de figure, & de

ſexe, s'il m'eſt permis de le dire. Combien d'hommes voyons nous occupez à ſe faire faire la barbe, à ſe releuer la mouſtache, à ſe pinceter le poil de tout le corps, à entretenir leur perruque, à ſe peindre la teſte, enfin à perdre tout le téps pour polir vn ſujet, qui n'eſt bon qu'à ſeruir de paſture aux vers. D'autres paſſent du ſoin au fard auſſi bien que les Coquettes. Ils ſe friſent & creſpelent les touffes de leur cheuelure, ils ſe teſtonnent, ils ſe poudrent, ils employent force mixtions à adoucir les cheueux apres les auoir rendus vn peu rudes. Ils ſe regardent touſiours dans vn Miroir, afin d'eſtre toûjours regardés des autres. Ils ont bien du plaiſir à s'y voir, mais neantmoins ce contentement n'eſt iamais ſans quelque ſorte d'anxieté, pource que plus ils ſe trouuent beaux, plus ils ſe veulent embellir.

XXII. Et neantmoins des gens qui ont conneu Dieu, iugent bien dans les interualles de leurs deſbauches, que tous ces agréemens ne ſont que dommageables, ſi l'on ne taſche de luy plaire; & que toutes ces reflexions qu'on fait ſur le corps, ſont auſſi contraires à l'honneur & au courage, qu'elles ſont conformes à vne infame oyſiueté. En effet, où Dieu ſe trouue, la pudicité s'y rencontre, & la grauité qui eſt ſa compagne & ſon ayde. Le moyen donc de cóſeruer la pudicité ſans ſon apuy,

qui n'eſt autre qu'vne grauité bien-ſeante? Et comment employerons-nous la grauité à la conſerua-
tion de la continence, s'il ne paroiſt quelque ſeuerité dans noſtre corps, & ſi on ne iuge à voir noſtre viſage & noſtre contenance, qu'on ne doit pas
attendre de nous gaigner, par des careſſes molles
& diſſoluës, voyant le rude traittement que nous
nous faiſons nous meſmes? Ils n'ont garde de nous
cherir contre la raiſon, voyant que nous ne nous
aymons pas contre le deuoir.

XXIII. Ie reuiens à vous, mes Dames, pour
vous dire que vous deuez retrancher auec que
nous, toutes ces ſuperfluitez qu'on remarque en
vos habits auſſi bien qu'en vos perſonnes, & vous
perſuader que ce ſont plutoſt des amuſemens, que
des ornemens legitimes, & que l'eſclat d'vn ſujet
n'eſt iamais plus beau, que lors qu'il eſt tout à fait
ſimple. Car que ſert-il d'auoir la teſte reformée
conformement à la loy de Dieu, & ſuiuant l'ancienne ſimplicité, ſi le reſte du corps fait monſtre
d'vne vaine pompe, & qu'en voyant ces longues
queuës que vous trainez, on voie les cauſes de vos
delices? C'eſt eſtre moitié au ciel, moitié en enfer.
Il eſt aſſez aiſé de iuger que ce luxe ne s'arreſte point
qu'il n'ait authoriſé l'impudicité, apres auoir deſ-
credité la pudeur ; & c'eſt vn trop grand ſoing de
la beauté, qui décrie la beauté meſme.

XXIV. Pour le croire, il ne faut que voir, que si tost qu’elle vient à defaillir, ce qui sembloit aymable est apres hay. Vn sujet de gloire deuient vn sujet de mépris, & vne femme iadis bien parée nous déplaist, pource que nous la regardons comme vne personne deshonorée, & qui degoutte encore du naufrage qu’elle a fait. Au contraire, bien qu’on ait perdu la beauté, on trouue moyen de suppleer à son défaut par sa figure; & ce qui ne fait que couurir ses imperfections, en compose tout l’honneur, & toute l’essence. Enfin nous voyons que les personnes mesmes qui semblent estre en repos apres les inquietudes de la vie, & qui de la dissolution se retirent au port de la modestie, sont encor tentées de la magnificence des habits, & relaschent leur pretenduë seuerité par la bassesse de leurs desirs, côme si cette ardente passion qu’on a pour les habillemens pouuoit eschauffer la froideur de l’âge, & tromper la nature & la vieillesse par des parures artificielles.

XXV. Ce que ie desire donc, mes Dames, est premierement que vous ne portiés rien sur vous qui semble tenir de l’infamie, & qui vous fasse plutost passer pour courtisanes, que pour des temples de chasteté. Que si quelques-vnes d’entre vous à raison de leurs richesses, de leur naissáce, & de leur qualité mesme, sont obligées de s’habiller plus

magnifiquement que les autres, il faut que cette
magnificence, soit touſiours accompagnée de la
ſageſſe qu'elles ſemblét auoir acquiſe. Il faut qu'elles gardent ce temperamét en leur pompe, qu'elles
ne prennent point la diſſolution pour la neceſſité
meſme, ny l'effronterie pour la parfaite bien-ſeance .Car comment pourrez vous remplir tous les
deuoirs de l'humilité que vous profeſſez en qualité
de Chreſtiennes, ſi vous ne retranchez l'vſage des
biens & des ornemens, qui vous portent à l'ambition. Car ce vice éleue vn cœur qui ſe deuroit abaiſſer & fait plus craindre les yeux des hommes que la
iuſtice de Dieu.

XXVI.   Il me ſemble que i'entends la plain-
te que vous me faites, en me demandant s'il ne
vous eſt pas permis de vous ſeruir de ce que vous
poſſedez, & ſi vous n'auez des richeſſes que pour
n'en point tirer de commoditez. I'ay à vous reſpondre là deſſus que ie ne vous defends pas de vous
en ſeruir, mais d'en abuſer. Ie vous dis auec l'A-
poſtre, qu'il faut ſe preualoir des choſes du monde, comme ſi on ne s'en preualoit point, d'autant
que c'eſt vn trompeur qui nous quitte en faiſant
ſemblant de nous aſſiſter, & nous abandóne dans
la neceſſité meſme, quoy qu'il nous promette mille choſes ſuperflues. Sainct Paul veut auſſi que ceux
qui poſſedent quelque choſe, croyent ne la pas

poſſeder, quoy qu’ils l’ayent bien achetée ; d’autant que le temps paſſe & que l’eternité s’approche. S’il nous enſeigne donc de poſſeder meſme nos femmes, comme ſi nous n’en auions point en effet, par la conſideration de la briefueté de cette vie; que deuons nous penſer de leurs parures, & de tous les inſtrumens de leur vanité?

XXVII. Nous voyons meſme pluſieurs hommes, qui pour mieux poſſeder leur ame, ſe paſſent tout à fait du mariage, & par vn vœu ſolemnel de garder le Celibat, s’oſtent meſme les moyens de de prendre des plaiſirs licites, & que l’appetit ſemble deſirer. Ils ne ſont pas marris de quitter vn peu de contentement pour en auoir le comble dans le Royaume de Dieu. D’autres s’abſtiennent meſme des creatures, dont l’vſage leur pouuoit eſtre indifferent, pour garder vne temperance plus eſtroite. Ils ne boiuent point de vin & ne mangent point de chair, quoy qu’à prendre ces choſes dans la mediocrité elles ſoient vtiles au corps, ſans eſtre dommageables à l’eſprit, & contribuënt plutoſt à noſtre ſoulagement qu’à noſtre inquietude: Mais ils veulent monſtrer à Dieu la pureté de leur ame, en ſemblant rendre leurs corps meſme vertueux. Ils luy ſacrifient leur cœur en luy faiſant vne offrâde de leur delices exterieures. Penſez donc, Dames, que vous vous eſtes aſſez ſeruies de vos richeſ-

ſes, auſſi bié que de vos plaiſirs. Vous auez aſſez fait
de deſpences inutiles, il faut maintenant conſeruer
le reſte de voſtre dot. Le Ciel ne nous a fait connoiſtre la perfection, qu'afin de nous la faire pratiquer.
C'eſt à nous qu'il appartient de dóner exemple aux
autres, iuſques à la fin des ſiecles. Dieu meſme deuant que creer le monde nous a deſtinez a la cenſu-
re & à la regle des temps. Noſtre Seigneur ne s'eſt
rendu noſtre maiſtre, qu'afin de nous apprendre à
corriger les abus du monde, apres les auoir abſolument corrigez en nous meſmes.

XXVIII. Nous ſommes pour ainſi dire la
circonciſion ſpirituelle & charnelle de toutes choſes, pour ce que nous retranchons indifferemment
dans l'eſprit & dans la chair tout ce qui tient vn
peu du ſiecle, & qui peut deſtourner les hommes
de l'eternité bien-heureuſe. Or vn des grands abus
qu'on remarque ſur la terre c'eſt l'vſage indiſcret
des creatures contre l'intention meſme du Createur. Ce n'eſt pas luy qui a crée la pourpre & les
ſimples, pour colorer de la laine ; ou peut-eſtre
que faute de preuoyance il s'eſtoit oublié de
faire vne toiſon rouge aux brebis, quand il crea
le Corps de tout l'vniuers? Eſt ce-luy à voſtre aduis
qui a inuenté tant de modes d'habillements, & qui
les a rendus legers en effet, pour n'eſtre peſans, que
du poids de l'or & de l'argent qu'on en donne? Il
n'a

n'a produit les lingots d'or, que pour entourer des pierres pretieuſes! C'eſt luy qui a percé tant de belles oreilles, pour y attacher vn petit caillou, & qui a tant eu à cœur la peine de ſa creature qu'il a commencé à l'affliger dans ſon enfance, en luy faiſant porter ie ne ſçay quels petits grains, que les Parthes ne daignent pas mettre ſur leurs ſouliers! Nous vouloit-il apprendre en nous bleſſant ſi promptement, que nous eſtions nez pour ſouffrir ! ſa bonté eſt trop grande pour nous auoir cauſé tant de mal, & ſa ſageſſe trop auiſée, pour auoir introduit ces grands abus dans le monde au deſauantage de ſon honneur.

XXIX.   Ie pourrois encore dire que cet or, dont vous penſez tirer tant de gloire, ne ſert à quelques nations, que pour en faire des chaines aux criminels, tant il eſt vray que c'eſt plutoſt la rareté, qui fait conter les choſes entre les biens, que non pas vne excellence veritable. Mais ie ne veux pas m'arreſter à leur cours, pour venir à leur origine. Ce ſont les mauuais Anges, qui nous ont appris tous ces ſecrets ruineux, & qui nous ont découuert la forme & la matiere de tous les ſujets qui ſeruent au luxe auſſi bien qu'à l'inquietude. Comme ils auoiét deſſein de poſſeder les femmes qu'ils eſtimoient pretieuſes, pour ce que les ayant vne fois gaignées, ils croyoient gaigner plus facilement les hommes, ils trouuerent moyen de ioindre en leur faueur le prix des chofes auec leur rareté, & le plaifir qu'il y a à les poffeder auec la peine qu'ont les ouuriers à les faire. De telle forte qu'on peut dire, que le Prince de l'enfer a produit ce qui femble rendre nos Dames illuftres, & c'eft de fes productions qu'elles font toutes leurs delices. Qu'elles craignent de tomber entre fes mains, puis qu'elles font à fes gages. Toutes ces charges inutiles qu'elles portent, ne feruent qu'à les abaiffer vers l'abyfme, du voifinage duquel on a tiré tous leurs ornemens. Au refte, comment peuuent-elles plaire à Dieu, receuant auec agréement des faueurs de ceux qui ont irrité fa colere, & portant les couleurs de Lucifer au lieu des liurées de I E S V S C H R I S T?

XXX. Toutefois pofons le cas que Dieu ait permis toutes ces chofes, apres les auoir connuës; ne confiderons pas maintenant ce qu'Ifaye dit contre les robes de pourpre, & les autres orneméts des femmes; mais pour le moins ne nous flattons pas à la façon des Gentils, qui croyent que Dieu n'a fait qu'inuenter les chofes, & qu'il ne les regarde plus apres les auoir introduites dans le monde. Nous ferons bien mieux & plus fagement de croire que Dieu a preueu de toute eternité, tout ce qui deuoit arriuer dans le temps, & qu'il a mis certaines creatures au monde pour noftre vfage, &

d'autres pour éprouuer noſtre fidelité. Ce maiſtre a voulu voir ſi ſes ſeruiteurs garderoient en effet la retenuë parmy la licence de l'vſage. C'eſt ainſi que des ſages peres de famille laiſſent à eſcient quelque choſe à la diſcretion de leurs domeſtiques , pour reconnoiſtre leur modeſtie, & aprendre par experience s'ils ſçauent vſer d'vne permiſſion, auſſi bien qu'obſeruer vne deffence. On exerce leur probité parmy les occaſions de faire du mal. Mais celuy ſans doute eſt le plus loüable , qui ne ſe ſert pas meſme des choſes permiſes, pour monſtrer qu'il n'a garde de ſe ſeruir des deffenduës, & qui craint egalement la ſeuerité & l'indulgence de ſon maiſtre. C'eſt ainſi que l'Apoſtre, nous auertit que toutes choſes ſemblant eſtre licites toutes n'edifient pas. Ceux qui craignent meſme ce qui eſt indifferent craindront plus facilement ce qui ne l'eſt point.

XXXI. Mais qu'auez vous à faire de vous orner ſi extraordinairement, mes Dames, veu que vous eſtes eſloignées des occaſions, qui ſemblent exiger quelque pompe magnifique? Vous n'exercez point de miniſtere dans les temples , vous ne faites point de ieux publics. Vous ne celebrez point de feſtes à la mode des Payens. Ce grand appareil d'ornemens, n'eſt bon que pour des perſonnes, qui viuent dans le grand commerce, & qui veulent voir & eſtre veuës, ou qui ont quelque infame deſfein de s'abandonner, ou qui recherchent vn point de gloire, qui paſſe iuſques à l'inſolence. Pour vous qui faites profeſſion d'eſtre modeſtes vous n'auez aucune occaſion de paroiſtre en public, ſi ce n'eſt dans la reſerue, ou dans la melancholie. Vous n'auez qu'à viſiter les fidelles qui ſont malades, qu'à aſſiſter au ſainct Sacrifice de la Meſſe, & à ouyr la parole de Dieu de la bouche de ſes creatures. Or toutes ces occupations ne demandant qu'vne ſaincte modeſtie & grauité, n'ont point beſoin d'vn habillement ny rare, ny diſſolu. Elle exigent plutoſt la conpoſition des mœurs & la beauté de l'ame, que l'agencement du corps. Que s'il faut par neceſſité ou par bien-ſeance viſiter quelquefois les Gentils meſmes, pour entretenir les amitiez des familles, pourquoy ne marchez vous pas rëeueſtues de vos armes, allant voir des perſonnes ennemies de voſtre foy? ne faut-il pas qu'il y ait de la difference entre les ſeruantes de Dieu & les eſclaues du Diable? ne leur deuez vous pas ſeruir d'exemple, afin qu'eſtant edifiées de voſtre veuë, elles imitent vos œuures, & ſuiuent enfin la religion que vous profeſſez? Dieu doit eſtre glorifié dãs voſtre corps, ce qui ne ſe peut faire, ſi vous ne gardez la pudicité qui l'attire dans vous-meſmes, & ne portez des habits conuenables à la vertu, dont vous faites tant de gloire.

XXXII.   Ie sçay bien que quelques-vnes diront, qu’elles ne veulent rien retrancher de leur luxe, non pas par vne vaine complaisance qu’elles y ayent, mais de peur de donner occasion aux infidelles de blasphemer le nom de Dieu, en voyant le changement des personnes qui le seruent. Il s’ensuit donc de là, mes Dames, qu’il faut s’entretenir dans la vice qu’on auoit auparauant, puis qu’on veut conseruer la mesme apparence; & afin que les gentils ne blasphement pas, il faut que les fidelles viuent comme eux! Ne voila pas vn grand sujet de blaspheme, si l’on peut dire qu’vne femme ne va pas si richement vestuë qu’elle faisoit, pource qu’elle est maintenant Chrestienne, au lieu qu’elle estoit iadis idolatre? Craindra-elle de sembler plus pauure depuis le temps qu’elle est deuenuë riche des biens eternels, & de n’auoir pas tant de propreté exterieure, apres auoir purifié son interieur? Faut-il que les Chrestiens marchent suiuant l’approbation des Gentils, & non pas suiuant le bon plaisir de Dieu mesme? Prenez garde seulement de ne leur pas donner iuste sujet de blaspheme, en pensant le leur oster. N’est-ce pas vn scandale manifeste de voir, que celles qu’on prend pour des Sanctuaires de pudicité, sont ornées à la façon des temples de Venus, & que les épouses de l’agneau semblent estre des maistresses d’Adonis?

H iij

XXXIII. En quoy different la plufpart des honneftes femmes de noftre fiecle, d'auec celles qu'on appelle les victimes des voluptez du public? Autresfois ces malheureufes eftoient diftinguées des Dames par quelques marques vifibles, mais la malice de ce temps femble confondre leurs eftats de telle forte, qu'on ne peut diftinguer l'honnefteté des vnes, d'auec l'ignominie des autres. L'Efcriture mefme nous apprend que ces ornemens extraordinaires du vifage, ont toufiours efté des fignes de l'infamie des mœurs. Cette ville forte qui fembloit commander les fleuues & les montagnes, fut appellée d'vn nom de deshonneur : pour ce que s'eftant trop embellie, Dieu la iugea proftituée. On nous la reprefente comme maudite, pour ce qu'elle eft toute couuerte d'or, d'efcarlate, & de pierres precieufes, qui font pluftoft des caufes de fa reprobation, que des principes de fon efclat. Iudas foupçonna iuftement Thamar d'impudicité, pour ce qu'elle s'eftoit parée à la mode de celles qui fe veulent vendre aux paffans : l'apparence fut fuiuie de l'effect. Il l'a trouua telle qu'il l'auoit creüe, & n'eut point de difficulté à la faire condefcendre à vn pacte, qu'elle mefme fembloit auoir recherché. D'où nous deuons apprendre, qu'il ne faut pas s'efloigner feulement du danger d'offencer fon honneur, mais encore du foupçon : Car pourquoy permettez-vous que l'integrité de voftre ame foit fouïllée dans le iugement d'autruy, quoy qu'elle foit incorruptible en elle-mefme ? Pourquoy donnez-vous fuiet aux hommes d'attendre de vous vne faueur, que vous n'auez pas enuie de leur donner ? pourquoy ne tefmoignez vous pas par voftre contenance quelle eft la qualité de vos mœurs ? pourquoy fouffrez-vous que l'impudence puiffe parler au defauantage de voftre ame, pour ce que vous fourniffez de la matiere à fes difcours ? Bien qu'il vous foit permis de faire voir publiquement voftre pudicité, il ne vous eft pas licite de nous fembler impudiques.

XXXIV. Quelqu'vne me repliquera peut-eftre, que l'approbation des hommes luy eft auffi indifferente, qu'elle eft en effet inutile, & que Dieu feul ayant droit de voir les cœurs, on ne doit point fe foucier de la veüe du monde, qui ne regarde vne perfonne, que par ce qui eft moins confiderable en elle-mefme. On tafche d'appuyer ce raifonnement fur l'Efcriture, mais ie fçay bien qu'elle dit ailleurs, que voftre probité doit paroiftre deuant les hommes, bien qu'elle n'en doiue pas attendre fa recompenfe. Or Dieu ne vous donne cét auis, que pour vous boufcher toutes les auenües du mal, en vous obligeant de feruir d'exemple aux mefchans, de mefme qu'aux gens de bien. Noftre Seigneur n'ordonne pas que vos œuures reluifent, pour eftre toufiours cachées. Il ne veut pas que nous foyons les phares du monde, & des villes fituées dans la montagne, pour eftre toufiours enfeuelis dans les tenebres, ou enfoncez dans les abyfmes. Si vous cachez le flambeau fous le muid vous ferez blafmées infailliblement, pour ne pas auoir continué le iour dans la nuit mefme, comme vous pouuiez & deuiez faire. Vne femme qui fe trouue feule dans les tenebres eft doublement abandonnée. Ce font nos actions loüables, qui nous font nommer les Soleils du monde. Ce qui eft illuftre de foy, ne cherche pas l'obfcurité, mais fe produit aux yeux de tous, pour fe faire remarquer & admirer tout enfemble. Ce n'eft pas affez à vne femme Chreftienne, que d'auoir de la pudicité, fi elle ne fe manifefte au dehors; elle doit eftre grande & fi vifible, qu'elle paffe de l'ame fur les habits; & fe trouue fur la fuperficie, comme dans le fonds de la confcience. Elle doit faire monftre de fes meubles au dehors, pour mieux manifefter les richeffes du dedans: la foy confifte dans l'entendement, mais elle a toufiours du rapport aux fens exterieurs. La deuotion luy fert d'aliment, mais auffi les ceremonies l'entretiennent.

XXXV. Il faut donc fuir les delices, pour ce qu'elles peuuent refroidir noftre zele, & ramollir

noftre

noſtre courage. Vne main qui s'accouſtume à porter des braſſelets, n'eſt pas propre à porter des chaiſ-
nes pour la querelle de IESVS-CHRIST. Ces
iambes delicates à qui les iartieres de ſoye ſemblent
peſer, ne peuuent pas trouuer legers les fers qui les
peuuent arreſter. Ces cols qui n'ont eſté entortillez
que d'vne enfilleure de Perles, & d'Emeraudes, ne
pourront pas ſouffrir vn coup d'épée qui leur trenchera la teſte. C'eſt pourquoy, mes Dames, accou-
ſtumons-nous à nous plaire à tout ce qui eſt peni-
ble, & nous ne ſentirons plus de peine ny de rigueur du coſté de la tirannie & de l'infidelité. Quittons de bonne heure tous les ſuiets de noſtre ioye,
& nous ne les regretterons plus, quand nous les aurons vne fois perdus volontairement. Tenons-
nous en poſture de ſouffrir toutes ſortes de violen-
ces, & nous ne redouterons plus aucune atteinte
impetueuſe. Nous n'apprehenderons plus de laiſſer des biens qui ſont l'obiet de nôtre auerſion; & à
parler veritablement, ce ſont plutoſt des attaches
de noſtre eſperance, que des ſecours de noſtre miſere; enfin quittons les ornemens de la terre, ſi nous
deſirons d'auoir vne couronne dans le Ciel.

XXXVI.   N'aymez pas l'or, mes Dames, qui
a fait quitter Dieu aux Iſraëlites meſmes, pour
adorer vn veau en ſa place. Comme il eſt la cauſe de la premiere Idolatrie des fideles, il le peut

I

eſtre des autres; vous deuez hayr ce qui a perdu les Iuifs, & qu'on n'a eſtimé ſur la terre, qu'apres auoir mépriſé le Ciel. Souuenez-vous que de tout temps, l'or a eſté la paſture du feu auſſi bien que l'aliment de la conuoitiſe, & que ceux qui l'ayment trop en ce monde, bruſleront touſiours en l'autre. Au reſte ce n'eſt pas l'or, mais le fer, qui fait paſſer doucement la vie aux Chreſtiens, & quoy qu'ils ſemblét renouueller l'âge d'innocence, ils ne font pourtant que ſouffrir. On prepare deſia les robes deſtinées au Martyre, & les Anges les portent, pour en reueſtir les hommes. Produiſez vous donc, mes Dames, embellies des ornemens des Apoſtres, & fortifiées des remedes de ſalut. Que la ſimplicité compoſe voſtre blancheur; ne rougiſſez que par la pudicité. Qu'vne chaſte honte vous faſſe abaiſſer les yeux au lieu de les releuer par artifice : Gardez le ſilence pour le monde, afin de ne parler que de Dieu. Prenez le joug de IESVS-CHRIST ſur vos teſtes, pour iouyr d'vne parfaite liberté. Vous ſerez ſufiſamment ornées, ſi vous l'eſtes aſſez pour vos maris, & vous acquerrez beaucoup de grandeur, vous aſſubietiſſant à eux.

XXXVII. Trauaillez de vos mains, pour auoir vn parfait repos, & ſongez, que ſi Eue ſe perdit, pour auoir eſté oyſeuſe dans le Paradis terreſtre, vous n'eſtes pas plus aſſeurées dans vn lieu

de danger & de mifere, tenez vous réfermées dans
vos maifons, & vous ne vous foucierez pas de paroiftre auec magnificence, ne paroiffant qu'à vous
mefme; gardant vos pieds de courir ils vous plai-
ront plus fur le carreau, que non pas dans le bro-
catel; & nous vous trouuerons d'autant plus embellies que nous vous trouuerons plus negligées.
Enfin reueftés vous de la probité au lieu de foye,
que la pudicité vous ferue de pourpre, & qu'en fin
la fainteté, foit voftre plus haute parure.   Si vous
eftes ainfi ajuftées, Dieu mefme fera amoureux
de vous, comme il ne peut que vous hayr, fi pour
changer d'apparence, vous deftruifez fon image. Heureufes celles qui peuuent époufer celuy qui
doit eftre leur iuge ! Que celles-là font mal-heu-
reufes qui offencent les yeux d'vn Dieu dont la
voix les doit condamner vn iour !

I ij

ARGVMENT.

PVis que Tertullien dans toute sa seuerité n'a pas laissé d'écrire en faueur des femmes, il ne faut pas douter que ceux qui ont eu le cœur plus doux n'ayent esté plus sensibles. Sainct Paulin Euesque de Nole à esté de ce nambre qui ayant fait vn des principaux miracles de toute sa vie pour obliger vne vefue, a fait aussi vn chef d'œuure de son zele. & de son art pour instruire toutes les Dames dans vne seule. Chacun sçait que pour deliurer le fils d'vne Chrestienne d'entre les mains des infidelles, il se mit à son seruice tout Euesque qu'il estoit, & se rendit esclaue pour luy faire rendre le doux sujet de ses vœux. Ayãt recherché auec tant de soin le moyen de dõner vn cõt entemẽt naturel à cette mere, il s'employa encore plus efficacement pour faire entrer Celantia dans la possession des plaisirs surnaturels. C'estoit vne Dame qui dans Rome mesme qui n'a iamais gueres rien admiré, passoit pour vn prodige de sagesse & de beauté, & l'excellence de son esprit respondant à la noblesse de sa race, elle ne pouuoit apparemment croistre en perfection qu'en se donnant tout à fait à Dieu, apres auoir rauy les hommes. Neantmoins comme les liens du mariage empeschoient de voler cette

Colōbe, & qu'il luy falloit tout à la fois cōtenter le Createur
& la creature, elle s'addreſſa par lettres à ce ſainĉt Prelat,
pour apprendre les moyens de viure pour l'eternité viuant
au milieu du ſiecle. La modeſtie de ſainĉt Paulin ſuſpen-
dit d'abord les effets de ſa charité, & ſçachant qu'il n'eſt
telquefois pas moins dangereux de traiter auec les femmes par le commerce des lettres que par les diſcourſper-
ſonnels, il fut long-temps à faire réponce à Celantia pource
qu'il aymoit mieux negliger vn peu la ciuilité que de perdre
le moindre poinĉt de l'aſſeurance de ſon ſalut. Neantmoins
ayant conſideré que les prieres de Celantia, eſtans toutes
ſainĉtes ne pouuoient receuoir qu'vn refus iniuſte, & qu'vn
trop grãd deſir de ſe ſauuer ne diſpenſoit pas vn Eueſque de
veiller au ſalut des autres, ſuiuant que ſa charge l'y obli-
geoit; il écriuit cette belle lettre, où l'on voit le reſpeĉt & la
puiſſance d'vn maiſtre enuers ſa diſciple, l'elegance iointe
auec la ſimplicité, & la pieté rēduë aisée parmy les plus grã-
dès difficultés qu'elle trouue dãs le monde. Il commence à in-
uire cette Dame par vn humble ſentiment qu'il a de ſoy-
méme, & louë l'affeĉtion qu'elle a pour la pieté, pour échauf-
fer en elle l'amour de la perfĉtion par celuy d'vne gloire legitime. Il luy propoſe en ſuitte que puis qu'elle ne peut pas obſeruer tous les Conſeils qu'elle garde exaĉtement les cōman-
demens, & que ſa foy quoy qu inuiſible de ſa nature ſoit
viſible dans ſes œuures. De cet auertiſſement general il
paſſe aux particuliers & expliquant les diuerſes voyes de
la iuſtice, il exhorte Celantia à ſuiure les plus étroites pour

viure auec vne plus grande liberté d'esprit, & l'auertit de
prendre garde aux petites fautes de peur de tomber aux
grandes. C'est-là qu'il luy remonstre qu'il n'y a point de
peché leger si on regarde la Maiesté de Dieu qu'on offence,
& qu'il faut plus considerer la dignité du Legislateur que
la qualité de ses loix. Il declare apres que l'innocence d'vne
ame consiste à faire le bien & à ne point faire de mal, que
voyant les attraits du vice il faut aussi voir ses tourments,
& contemplant les Croix de la vertu contempler d'ailleurs
ses couronnes. Ayant fait ce raisonnemẽt aussi beau qu'il est
vtile, il blâme l'erreur de ceux qui ne marchent pas où il
faut marcher, mais par où les autres vont ; & qui croyent
excuser le grand nombre de leurs pechez par la multitude
des pecheurs. Il adioute que pour auoir vne maxime generale pour toutes les actions particulieres de la vie, on se doit
proposer de faire à autruy ce qu'on voudroit qu'on nous fit,
& de mesurer les interests du prochain par les nostres mes-
· mes. Apres auoir formé la conscience de Celantia, il luy
apprend à regler sa langue, & luy persuade que non seulement il ne faut pas mal parler de son prochain, mais non
pas mesme escouter les medisans. S'ils ont des langues de
Viperes nous deuons auoir les oreilles bouchées d'epines.
Au reste elle doit fuir les complaisans aussi bien que les detracteurs, & ne pas payer des hommes pour la tromper à
credit. Là dessus il fait vn abregé des principales vertus
qu'il recommande à Celantia, & veut que l'humilité en
soit la base & le faiste tout ensemble. Il luy persuade en-

cor que l'abstinence du corps ne vaut rien sans celle du cœur, & qu'on doit auoir soin de la bône reputation aussi bien que de la conscience. Il conclut que trauaillât pour sa maison elle doit se laisser du temps pour trauailler pour son ame. On doit prendre garde icy que plusieurs Autheurs attribuent cette lettre à sainct Hierosme, & qu'on la trouue dans ses œuures côme vne de ses productions, mais il me semble que la douceur du stile dont elle est escrite n'est vray-semblablemêt pas vn effet de la sacrée fougue de ce grand homme. Ainsi donc si ie l'attribuë à sainct Paulin ie ne le fais qu'apres plusieurs habiles Critiques, & ne croy pas offencer vn saint pour rendre à l'autre ce qu'on luy doit. De quelque façon qu'on le prenne, les Dames auront tousiours la gloire d'estre éclairées d'vne grande lumiere de l'Eglise & de voir la concurrence de deux Docteurs pour les enseigner. Enfin la saincteté mesme leur parle par la bouche ou de Hierosme ou de Paulin.

LETTRE
DE
SAINCT PAVLIN
A CELANTIA.

ADAME,

I. L'escriture a dit auec autant de grace que de verité, qu'il y a vne espece de honte qui nous cause de la gloire, & vne autre qui engendre l'ignominie auec le peché. Cét oracle se fait entendre de soy-mesme, mais il me semble que l'experience me fait croire maintenant ce que ie ne croyois auparauant que par la seule authorité. En effet les instances que vous me faisiez par vos lettres de vous écrire n'ont pû empescher les difficultez que ie trouuois à vous obliger. D'vn costé la retenuë me códamnoit au silence, d'ailleurs

vos

vos prieres me sembloient tenir lieu de commandement pour m'obliger de parler. Vos defirs determinoient tous mes doutes, & l'ardeur de vôtre foy vouloit emporter l'auantage fur la froideur de mon iugement. Dans ces peines d'efprit où le vôtre m'auoit ietté, peu s'en eft fallu que la honte n'ait fufpendu les effets de mon deuoir, & que ie n'aye mieux aymé paffer pour difcret que pour Directeur. Mais ce dire du fage m'a perfuadé d'écrire, m'a donné du courage dans ma foibleffe, & m'a fourny des paroles pour rompre vn fi long filence. I'ay crû que de vous refufer vne lettre ce feroit rebutter la vertu mefme.

I I. En effet le fujet pour lequel vous me la demandiez eftoit fi fainct & fi honnefte, que i'ay crû pecher contre Dieu en pechant contre le refpect que ie vous dois. Ie me reprefentois que la verité mefme nous enfeignoit que comme il y a vn temps de fe taire, il y a temps de parler. Que c'eft vouloir la mort d'vne perfonne que de retenir vn mot de falut quand elle l'attend de nôtre bouche, & que nous deuons eftre prefts à donner quelque fatisfaction fpirituelle à toutes les perfonnes qui cherchent du foulagement du cofté du ciel, parmy les miferes & les charges qu'elles ont du cofté de la terre. Vous me demandez donc, Madame, de vous prefcrire fuiuant les maximes de la foy vne forme

de viure que vous puissiez suiure auec autant de
seureté que d'affection. Vous desirez d'aprendre
en quelle façon vous pourrez viure selon Dieu méme en viuant dans le monde, conseruer l'humilité
parmy les honneurs, la pauureté d'esprit au milieu
des richesses, & acquerir la perfection des mœurs
parmy la corruption des gens du siecle. En outre
vous voulez sçauoir s'il n'y auroit point de moyen
d'estre innocente & mariée, de plaire à Dieu & à
vn homme tout ensemble, & de contenter vn mary sans offencer celuy qui a permis le mariage.

III. Certes vôtre demande est si raisonnable,
que ce seroit ne pas aymer l'auancement spirituel
du prochain que tarder à satisfaire à vôtre desir.
I'obeiray donc à vôtre saincte importunité, & tas-
cheray de vous exhorter à seruir Dieu par les paroles de Dieu mesme. Ie ne vous feray pas entrer dans
la carriere de la vertu, mais ie vous crieray d'acheuer la course. Ie ne vous diray pas d'auoir du zele,
mais de la perseuerance : Ou plutost ce fera IESVS-
CHRIST, plutost que Paulin qui vous instruira
dans les voyes de salut. C'est le vray maistre de
tous les hommes aussi bien que de toutes les femmes, & il ne sçauroit manquer à les bien instruire
estant la verité mesme. C'est vn Seigneur qui est
bien aise d'auoir des disciples & des suiets. Il vous
ordonne de luy plaire, & il vous aprend la façon

d'executer ſon ordonnance. Il faut donc que celuy là vous ſerue de Directeur, qui dit à vn ieune
homme qui luy demandoit ce qu'il auoit à faire
dans le temps pour meriter l'eternité bien-heureuſe, qu'il n'auoit qu'à garder les commandements
pour conſeruer l'eſperance d'vne couronne im-
mortelle. Par où il nous donna à entendre qu'il
faut faire la volonté de celuy dont nous attendons
les faueurs, & ne pas deſobliger vne main qui nous
peut recompenſer ou punir eternellement.

IV. Cette maxime eſtoit trop belle pour ne
pas eſtre miſe en diuers endroits des ſacrez cahiers.
Il nous auertit donc ailleurs que ce ne ſont pas ceux
qui l'appellent Seigneur qui entreront dans ſon
Royaume, mais ceux qui obeiſſans à ſes loix re-
connoiſſent ſa majeſté. Ce qui nous môſtre qu'vn
ſi grand prix n'eſt pas donné à vne foy morte, mais
à celle qui paroiſt viue dans les œuures, & qui nous
fait ioindre la bonne creance auec de bonnes exe-
cutions. La Religion & la Iuſtice ſe doiuent entre-
baiſer, auſſi bien que la iuſtice & la paix. Autrement
cette profeſſion de foy ne peut-eſtre qu'vne infidelité ſpecieuſe, qui nous fait croire en Dieu, &
honorer ſa puiſſance pour meſpriſer ſes commandements. Pouuons nous dire de bon cœur que
nous auons vn Seigneur quand en effet nous luy
refuſons nos hommages ? Reconnoiſſons nous

nôtre fuieƈtion quand nous ne luy obeïſſons pas?
Ne dit-il pas dans l'Euangile, que nous auons tort
de l'appeller maiſtre ſi nous faiſons les indepen-
dants? Il ſe plaint, de ce que le peuple Iuif ne l'ho-
nore que des leures, & de ce que ſon cœur eſt autât
eſloigné du Createur qu'il eſt proche des creatures.
Il auance encore par la bouche de ſon Prophete,
qu'vn enfant legitime a du reſpeƈt pour ſon pere,
& vn valet de la crainte pour ſon maiſtre. Que ſi
Dieu eſt pere, il faut faire apparoiſtre du reſpeƈt
que l'on luy porte, & s'il eſt maiſtre, il faut voir
s'il eſt craint de ſes ſeruiteurs.

V. D'où l'on peut tirer cette concluſion, que
ceux qui n'obſeruent pas les commandemens de
Dieu n'ont point de reſpeƈt pour ſa maieſté; & que
s'ils auoient de l'apprehenſion de ſes iugements,
ils n'outrepaſſeroient pas ſi facilemét ſes loix. Pour
la meſme raiſon il fut declaré à Dauid, aprés qu'il
eut offencé Dieu pour contenter ſon appetit, qu'il
n'auoit pas fait plus d'eſtat de Dieu que de ce qui
n'eſt point & ne ſçauroit eſtre. Dieu fit auſſi entendre à Heli, que comme celuy qui honoroit ſa toute
puiſſance ne ſeroit iamais en opprobre, mais dans
la gloire ; ceux auſſi qui le tiendroient pour vn
neant, ſeroient eux-meſmes aneantis. Apres
cela pouuons nous viure auec quelque ſorte d'aſſeurance; nous dis-ie, qui ne ſemblons ſçauoir la

volonté de Dieu que pour la choquer, qui commettons vne infinité de crimes contre chaque commandement, qui portons à la vengeance vn si bon Seigneur par nos infames maluersations, & qui méprisans ses ordres auec arrogance, semblons esleuer des vermisseaux au dessus du throsne où Lucifer vouloit monter? Nous faisons des Dieux de nous mesmes en la presence d'vn seul Dieu. Nous luy rauissons sa gloire pour prendre des diuertissements!

VI. Cependant n'est-ce pas vn orgueil intolerable aussi bien qu'vne noire ingratitude, de viure contre le vouloir de celuy de qui nous tenons la vie; de negliger les commandements d'vn Prince qui ne nous donne aucune loy que pour auoir sujet de nous donner quelque iour des recompenses ? Car en effet Dieu n'a pas besoin de nos hommages, mais nous auons besoin de ses commandements. Ils sont plus à desirer que ny l'or ny les pierres precieuses, comme ils sont plus doux que le miel : à cause que le salaire qui en suit la vraye pratique, n'estant rien de moins que le ciel n'a rien qui luy soit comparable sur la terre; & que l'esperance des biens qui sont à auenir met de la douceur dans l'amertume de toutes les peines presentes. C'est pourquoy vn des principaux sujets que Dieu ait de s'irriter contre nous, c'est qu'il veut estre pere & nous refusons d'estre ses enfás; il est liberal, & nous nous enuions ses liberalités à nous mesmes, puisque nous les refufons quand il nous les offre. Nôtre malice paroift d'autant plus grande qu'elle choque vne bonté infinie, & ruine nôtre propre felicité. Nous negligeons la perte que nous faifons de tant de threfors qu'il nous faifoit efperer, & nous ne nous contentons pas de ne tenir aucun conte de fes loix ; nôtre mépris s'eftend mefme iufques à fes promeffes.

VII. Cela eftant ainfi, il ne fe faut pas eftonner fi Dieu repete fi fouuent, qu'il faut que nous foyons obeïffans fi nous voulós eftre heureux, & qu'il nous faut mourir à nôtre volonté pour viure à la fienne. Toute la loy confifte en ce poinct, les Prophetes & les Apoftres ne nous parlent que de cela, c'eft ce que la parole & le fang de Iɛsvs-Christ exige de nous. Il eft mort pour tous afin que ceux qui viuent, ne viuent pas à eux mefmes, mais à celuy qui eft mort pour eux. Or viure a luy ce n'eft autre chofe qu'obferuer fes commandements, qu'il nous a donnez à garder comme des arrhes & des marques de fon amour. C'eft pour cela qu'il nous affeure que fi on l'ayme, on ne doit pas hayr fa volonté qui fe produit dans fes ordonnances. Qu'il viendra auec fon pere chez celuy qui n'enfraindra point fes loix, & qu'il y tiendra fa cour tant que fa creature fe tiendra dans fon deuoir. Affeurement il n'y a rien de fi puiffant que l'amour ; celuy qui eft parfaitement aymé s'approprie entierement la volonté de celuy qui

l’ayme. Il n’y a point d’empire plus abſolu que celuy
de la charité. Ainſi donc, ſi nous aymons veritablement I E S V S-C H R I S T , & ſi nous croyons auoir
eſté rachetez au prix de ſon ſang , nous ne deuons
rien vouloir que ce que nous ſçauons qu’il veut, ny
rien faire que ce qui luy peut cauſer en effet de l’agréement.

VIII. Or il y a deux ſortes de commandements
qui ſont comme les deux parties de la Iuſtice, les vns
s’appellent de iuſſion & les autres de défence : car on
nous défend les maux comme on nous ordonne les
biens. D’vn coſté on nous recommande le ſoin &
de l’autre l’omiſſion. Dieu incite l’ame & l’arreſte par
deux ordres differents. Enfin on ſe rend coupable
en faiſant certaines choſes , comme en n’en faiſant
pas d’autres qui nous ſont preſcrites par vn pouuoir
ſouuerain. D’où vient que le Prophete dit que celuy
qui veut auoir de bons iours, doit garder ſa langue de
mal, en vn mot laiſſer le mal & faire le bien. C’eſt au
meſme ſens que l’Apoſtre veut que nous hayſſions
la malice pour nous attacher à la probité. Or ces
commandeméts là n’emportent pas des obligations
perſonnelles, mais generales. Ny les Vierges ny les
vefues ny les perſonnes mariées ne ſont diſpenſées de
ces loix; en toute ſorte d’eſtats il eſt egalement dé-
fendu de ne pas obeyr à ce qui eſt ordonné, & de faire ce que Dieu ne nous permet pas. Et ne vous laiſſez

pas emporter à l'erreur de ceux qui par vne ellection
bizarre s'attachét à l'obferuation de certains cóman-
dements qui font conformes à leur humeur, & mé-
prifent les autres comme s'ils ne venoient pas d'vn
mefme Legiflateur, & que le mal pour eftre moindre, pût eftre vn bien abfolu. Ils ne craignent pas
que mefprifant les chofes petites ils tombent peu à
peu dans les plus grandes. Ie fçay bien que les Stoï-
ciens tiennent pour dogme infaillible, qu'il n'y a
point de difference entre les pechez ; que toutes les
fautes font égales, & qu'il n'y a point de diftinction
entre le vice & l'imperfection.

I X. Pour nous, quoy que nous croyons qu'il y a
beaucoup de diuerfité entre les déreglemens particuliers & nos mœurs, pource que la raifon & la Foy le
nous enfeignent ; nous difons neantmoins par vne
fainéte preuention, que nous deuons autant euiter les
fautes les plus legeres, comme les plus griefues qu'on
puiffe iamais commettre. En effet plus nous craignons vn peché, plus nous auons de facilité à nous
en garder, & celuy qui apprehende mefme les petits
maux, ne fe trouue iamais enuelopé dans les grands.
Et puis, ie ne fçaurois comprendre comment nous
pouuons eftimer leger, ce qui fe commet au mépris
de la Majefté de Dieu. Celuy-là eft parfaitement aui-
fé, qui ne regarde pas tant ce qui luy eft ordonné,
que celuy qui ordonne en chef, & qui confidere
plus

plus la dignité du Souuerain, que la qualité de ſes loix. Puis dónc que vous auez deſſein d'eleuer voſtre edifice ſpirituel ſur la ſolidité de la pierre, & non pas ſur la legereté mouuante du ſable, il vous faut baſtir ſur l'innocence comme ſur le meilleur fondement que vous puiſſiez mettre, afin que la iuſtice luy ſerue de couronnement. En effet celuy qui n'a iamais fait tort à perſonne, a accomply la plus grande partie de l'equité. Il eſt bien-heureux s'il peut dire auecque Iob, qu'il n'a point porté de dommage au prochain, & qu'il a veſcu dans vne parfaite legalité. C'eſt ce qui donnoit tant de confiance à ce Patriarche, & qui le faiſoit eſcrier auec vne ſaincte preſomption; Qui eſt celuy qui voudra entrer en iugement auec moy? c'eſt à dire, qui eſt celuy, Seigneur, qui deuant voſtre tribunal, oſe ſe declarer partie contre voſtre fidele ſeruiteur, ou qui puiſſe verifier que ie l'aye offenſé, ou que i'aye peché contre voſtre loy? Il n'appartient qu'à ceux qui ont vne conſcience extremement pure, de pouuoir ſe vanter par vne loüable ambition, qu'ils ont touſiours marché dans l'innocence de leur cœur, au milieu de la maiſon de Dieu; & noſtre Seigneur ne fait iamais de plus grands biens, qu'a ceux qui n'ont iamais fait de mal.

X. Il faut donc qu'vne Chreſtienne s'éloigne principalement de la malice, de la haine, & de l'enuie, qui ſont les ſemences de tous les crimes, & qu'el-

L

le ne garde pas seulement l'innocence de parole, mais encore du fonds du cœur; c'est à dire, qu'elle craigne de faillir par desir contre son prochain,
aussi bien que par effect. Car à bien prendre le peché dans sa naturelle constitution, celuy qui s'est
mis en deuoir de nuire à vn autre, a des-ia fait le
mal qu'il a voulu faire. Quelques Autheurs mesme
definissent vne personne innocente, celle qui ne
nuit pas à son prochain, ny en l'offençant réelle-
ment, n'y en cessant de l'ayder aux occasions. Cela estant ainsi, Madame, vous pourrez vous glorifier de l'innocence quand vous aurez fait autant de
bien que vous aurez pû, & que vous aurez eu plus
d'inclination que d'oportunitez fauorables pour
exercer vostre charité. Que si ces deuoirs sont differens, & que ce soit autre chose de ne pas nuire, comme on peut souuent faire, & autre de
profiter quand on peut, il est aisé à voir qu'il y a
aussi de la difference entre faire du bien & ne point
faire de mal. En tout cas, persuadez vous que ce
n'est pas assez pour vn Chrestien d'accomplir vne
partie de la iustice, où les deux luy sont ordonnées.
Car nous ne deuons pas nous arrester aux exemples d'vne multitude ignorante, qui n'obseruant
en ses mœurs aucune sorte de discipline, & viuant
plutost à l'auanture que par dessein, ne se conduit
pas tant par raison, comme elle s'emporte par vne

aueugle impetuofité de nature. Tout de mefme
il ne nous faut pas imiter ceux qui viuent comme
des Payens , quoy qu'ils portent vn nom Chreftien , qui deftruifent leur profeflion de Foy par
vne conuerfation vicieufe,& qui comme parle l'A-
poftre, confeffent qu'ils connoiffent Dieu, quoy
qu'ils le nient par leurs œuures. Ce n'eft pas la Foy
feule qui doit mettre de la difference entre le Chreftien & le Gentil , il faut que leurs deportemens
foient diuers , & que la varieté de leurs actions
manifeftes face voir celle de leur Religion.

XI. Sainct Paul nous recommande de ne
nous pas allier des Infideles , pource qu'il n'y
a point de commerce entre la iuftice & l'iniquité,
ny de rapport de la lumiere aux tenebres. Il adioufte que I E S V S - C H R I S T ne peut s'accorder
auec Belial : que l'Idolatre ne doit rien auoir de
commun auec l'adorateur du vray Dieu, & que le
temple de noftre Seigneur ne doit pas reffembler
à celuy de Iuppiter. Par où il nous veut faire entendre combien les penfées des fideles doiuent
eftre efloignées des pratiques de ceux qui n'ont
point receu la Foy. L'erreur & la verité ont vne
oppofition formelle: que ceux qui ne s'attendent
point aux promeffes du Ciel, s'attachent aux poffeffions de la terre: que ceux qui ne croyent point
d'Eternité à venir, fe contentent des felicitez pre-

fentes de cette vie. Que ceux qui penfent que tous les crimes demeurent impunis, ne craignent point de les commettre. Enfin ceux qui n'efperent point de receuoir aucune recompenfe de la vertu, peuuent chercher leur fatisfaction dans le vice. Mais ceux qui font bien informez du iour du dernier iugement, doiuent craindre le peché, auffi bien que fa punition, & non pas aigrir vn Seigneur qui les peut ou fauuer, ou condamner. Il faut qu'ils crucifient leur chair auec fes concupifcences, veu qu'ils adorent vn Dieu crucifié. Puis qu'ils font difciples de la verité, comment peuuent-ils fuiure les dogmes de l'erreur? Au refte le Sauueur nous a monftré dans l'Euangile deux fortes de voyes, qui eftant differentes entr'elles, nous conduifent auffi à deux fins bien oppofées. L'vne eft celle qui nous menant vers la mort, a neantmoins beaucoup de gens qui la fuiuent pendant leur vie; & à voir la foule du monde qui y marche, on la prendroit pour la meilleure, puis qu'elle eft la plus battuë. L'autre eft affez eftroitte en fes auenuës, mais fes iffuës font belles, & quoy qu'elle nous donne ouuerture dans la vie, plufieurs la quittent neantmoins pour fuiure la mort.

XII. On voit par là la difproportion qu'il y a entre ces deux grands chemins; l'vn va vers l'Enfer, l'autre vers le Ciel; l'vn eft frequenté comme les villes, l’autre eſt plus deſert que les ſolitudes. L’vn ſemble plus facile à tenir, à cauſe des agreables détours que le vice nous y fait faire ; & les voluptez nous égayant prez du precipice, nous y font tomber en riant. L’autre eſtant vne carriere perpetuelle de vertu, attire autant les gens de bien, comme il rebutte les vicieux, & ne plaiſt proprement qu’à ces ames genereuſes, qui trouuent dans leurs croix, leur plus parfait agréement, & ne s’arreſtent pas tant à la douceur du voyage, qu’à celle de la Patrie. Le commencement leur plaiſt, quelque faſcheux qu’il ſemble eſtre, pour ce que la fin eſt illuſtre & auantageuſe. Ils ſont bien aiſes de paſſer par de petits maux, pour auoir la poſſeſſion du comble des plus grands biens. Mais les laſches trouuent le ſentier de la vertu raboteux, pource qu’ils ſont accouſtumez à la molleſſe des vices. Au contraire, la peine ſemble ſoulageante à ceux qui par l’aſſiduité rendent leger vn trauail, que d’autres iugent inſupportable. Diſpoſons donc vne fois de noſtre vie, & informons-nous de noſtre conſcience, quel chemin nous deuons prendre : Car tout ce que nous faiſons & que nous diſons nous conduit à l’vn ou à l’autre, puis qu’il n’y a point de milieu, & qu’il faut aller ou dans le Ciel, ou dans l’abyſme. Si nous nous contraignons pour ſuiure la voye la plus eſtroite, nous allons vers la vie, pour y trouuer vne parfaite liberté; que fi nous aymons mieux fuiure la compagnie des mefchants que le bon chemin, nous viuons auec force gens pour aller coniointementà la mort qui nous fera toufiours viure dans la mifere.

XIII. Si nous nous laiffons toucher à l'enuie & à la haine, quoy qu'on nous ordonne d'aymer le prochain comme nous mefmes, fi l'auarice nous emporte auffi bien que l'impieté : enfin fi nous faifons plus d'eftat des biens temporels que d'vne couronne eternelle, il eft bien euident que nous ferons vn mauuais voyage vfant d'vne fi mauuaife conduite. Nous aurós beaucoup d'exemples & d'imitateurs de tant de pechez, mais les tourments des autres pour grands qu'ils foient n'amoindriront pas les nôtres. Si derechef nous fongeons à la vengeance ne deuant fonger qu'à cherir nos ennemis; fi nous rendons à quelqu'vn iniure pour iniure, & fi nous ne receuons vn petit déplaifir que pour en faire vn plus grand, imaginons nous que nous ne pecherons pas feuls, mais qu'auffi nous ne nous fauuerons pas en l'affemblée des reprouuez. Si nous nous flattons nous mefmes en prenant plaifir qu'on nous flatte, fi le refpect humain nous empefche de dire la verité, & nous fait offencer Dieu pour ne pas vouloir offencer les hommes, nous marchós auec plufieurs qui ont mefme deffein

que nous, & qui n’auront pas vne issuë plus fauorable quoy qu’apparemment les choses leur reüs-
siffent. Tous ceux qui choquent la religion & la
sainćteté seront de nôtre party si nous nous rendôs
profanes. Tout au contraire si nous nous appro-
chons autant des vertus que nous nous esloignôs
des vices, si dans la corruption du siecle nous main-
tenons nôtre conscience incorruptible, & gardons nôtre liberté parmy tous les dangers d’vne
fameuse seruitude ; en vn mot si étouffans dans nos
cœurs la conuoitise des biens de la terre, nous ne
recherchons que d’estre riches en vertus, nous pouuons dire que nous marchons par vn sentier bien
écarté, mais qui neantmoins rend nôtre demar-
che bien asseurée. Nous ne trouuons guere de
compagnons, mais aussi nous ne trouuons guere
de traistres ny de voleurs.

XIV. Ce n’est pas la multitude qui rend des
suiets recommandables, c’est plutost la rareté, comme il n’y a que peu de Rois sur la terre, il n’y en aura que peu dans le ciel au prix des esclaues de Lucifer. Comment est-ce que plusieurs passeroient
par ce destroit, veu qu’entre le peu de personnes
qui s’y engagent il y en a qui y font autant de de-
tours que de pas, ou plutost qui font semblant de
suiure la verité pour s’en aller vers l’erreur, & quittent la compagnie des iustes pour se trouuer en

celle des reprouuez. C'eſt pourquoy il faut bien prendre garde que ceux que nous prenons pour guides de ſalut ne nous ſeruent d'adreſſe que pour nous perdre infailliblemét. Ainſi dóc ſi nous trouuons des exemples qui nous ſeruent de flambeau pour marcher dans le chemin de l'Euangile, il nous les faut ſuiure auec autant de zele que de reſpect; que ſi nous les trouuons defectueux , & que ces phares ne reluiſét que pour nous mener vers le precipice , imitons la vie des Apoſtres pour ne pas manquer d'eſtre veritablemét fideles. Sainct Paul, ce vaiſſeau d'eſlection que Dieu à pris dans le ſein de l'erreur pour en faire l'organe de la verité, nous auertit d'eſtre ſes imitateurs comme il l'eſt de IE-SVS-CHRIST. Nôtre Seigneur meſme , tout Dieu qu'il eſt, nous peut ſeruir de modele. Il appelle à ſoy tous ceux qui trauaillent pour leur donner vn parfait repos, & leur faire trouuer leur ſoulagement parmy les plus peſantes charges. Il veut que nous portions ſon iour pour participer à ſa gloire, & que nous apprenions la douceur & l'humilité de luy, pour ne pas éprouuer ſa vengeance & ne nous pas voir dans l'abaiſſement.

XV. Si vous trouués donc quelque ſorte de danger à imiter ceux donc vous doutez ſi l'imitation vous ſera nuiſible ou auantageuſe, il y a vne parfaite ſeureté à ſuiure celuy qui eſt la voye, la vie,

& la

& la verité. Car celuy qui suit la verité ne se trompe point ; celuy qui est dans le bon chemin s'approche du bout du pelerinage, & tant qu'on est pres
de la vie, on ne craint iamais la mort. A ce propos le
bien aymé disciple dit que celuy qui demeure en
IESVS-CHRIST doit marcher comme son Seigneur. Et S. Pierre nous remonstre que IESVS-
CHRIST n'a enduré que pour nous donner le
plaisir de suiure vn iour ses exemples ; il n'a point
fait de peché, & neantmoins il a souffert la peine
du crime, le monde la persecuté quoy qu'il n'ait
iamais desiré que de sauuer tout le monde. Il be-
nissoit ceux qui le maudissoient outrageusement ;
il ne menaçoit point ceux qui le frapoient, il se
laissoit iuger par celuy dont il estoit le vray iuge.
Il a porté nos pechez en son corps sur le bois de la
croix afin que mourans à l'iniquité nous ne vi-
uions qu'à la iustice. Apres cela ne taschons point
d'excuser nos fautes pour les redoubler, ne cher-
chós point de honteuses consolations pour adoucir les malheurs où le peché nous engage. Nous
ne gaignons rien de defendre nos excés par l'exemple de la multitude des meschans ; leurs vices ne
composent pas nos vertus. Ne nous flattons pas
dás nos dissolutions sur le pretexte de leurs débau-
ches ; le salaire & le chatiment de nos actions ne
sera pas general mais personnel en cette vie & en
l'autre.   M

XVI. Ceſſons de nous plaindre de n'auoir point d'exemples deuant les yeux dont la perfection nous ayde à corriger nos defauts. La Foy nous propoſe l'imitation de celuy que nous croyôs tous deuoir eſtre exactement imité. Et partant vôtre principal ſoin doit eſtre de connoiſtre la loy de Dieu, qui vous fera voir les exemples de tous les ſaincts comme preſents à vos yeux, & vous apprendra ce qu'il faut fuir auſſi bien que ce qu'il faut faire. En effet c'eſt vn grand ſecours pour acquerir la iuſtice & la ſaincteté que de remplir ſon entendemét des maximes de l'Eſcriture, qui le peuuent éclairer & eſchauffer la volonté, & de mediter touſiours au fonds du cœur ce qu'on doit executer au dehors par de bónes œuures. Lors que le peuple de Dieu ſébloit encore prophane, & qu'ayát receu la loy de nouueau, il n'eſtoit pas encore accouſtumé à luy obeïr ; Dieu ordonna aux Iſraelites par la bouche de Moyſe, de porter des marques aux franges meſmes de leur robe qui leur puſſent remettre en memoire l'obſeruatió de la loy de Dieu, afin que leurs ſens meſmes leur appriſſent leur deuoir & qu'en regardant la terre ils ſe ſouuinſſent touſiours du Ciel. C'eſt de cette ceremonie que IESVS-CHRIST prend ſuiet de reprendre les Phariziens, ſur ce qu'ils l'obſeruent pluſtoſt par abus que par vne ſaincte couſtume, & ne ſongent pas tant à s'auertir de la loy de Dieu, qu'à se faire voir dans la pompe deuant le monde. Ils se rendent prophanes pour ce qu'ils veulent paroistre saincts & ne l'estre point. Pour vous, Madame, qui ne gardez pas les ordonnances de la lettre, mais de l'esprit, vous en deuez conseruer la memoire par vn sainct zele, & non pas à ces hypocrites par vn principe interieur de dissolution sacrilege. Vous ne deuez pas tant vous ressouuenir des commandemens comme y penser sans interruption.

XVIII. Ayez donc tousiours entre les mains des liures qui traictent des verités eternelles, & que vostre cœur les lise auecque les yeux ; que l'affection de l'ame responde aux connoissances de l'esprit. Ne pensez pas que ce soit assez de sçauoir par memoire la loy de Dieu si vous vous en oubliez dans vos œuures ; vostre science doit plus tenir de la pratique que de la simple speculation, & vous ne deuez auoir apris ce qu'il faut faire que pour le faire sans remise. Ce ne sont pas ceux qui écoutent la loy qui sont iustes deuant Dieu, ce sont ceux qui en executent tous les ordres. Ie sçay bien que le champ de la loy de Dieu, est aussi vaste qu'il est fertile ; les diuers tesmoignages de la verité sont comme des fleurs qui egayent nôtre veuë, & nous semblent demander des fruits en nous en prometans de leur costé. Il y a du plaisir à regarder toutes ces beautez que le doigt de Dieu mesme

a ornées, & ce n'eſt pas vn petit bien-fait de ſa main
que de nous auoir donné vn ſi grand adouciſſement
des difficultez qui ſe rencontrent dans la voye de la
vertu. Mais pour auoir vne adreſſe particuliere parmy des auertiſſements ſi generaux , graués principalement ſur voſtre bras & dans voſtre cœur par
cette maxime qui eſt comme l'abregé de tous les deuoirs de la iuſtice : Comportez vous enuers les autres comme vous voulez qu'ils ſe comportent enuers vous. Voila la ſubſtance de la loy & de tout
ce que les Prophetes ont dit. Cette verité ſe declare
en peu de mots, mais toute la vie eſt aſſez occupée à
la pratiquer. La iuſtice a vne infinité d'eſpeces & de
parties , qu'il eſt auſſi difficile de comprédre comme
de les exprimer, voila pourquoy N. Seigneur nous
ſoulage en renfermant noſtre deuoir dans vne petite
ſentéce, & ce iuge eſt ſi debonnaire, qu'il veut que le
fonds de noſtre cœur condamne ou abſoluë noſtre
conſcience deuant qu'il porte contre elle vne ſentence definitiue. Nous nous offençons nous meſmes
deuant que de l'offencer.

XVIII. Il faut donc que cette maxime regle
vos paroles & vos penſées, vos actions & vos omiſ-
ſions; Ayez touſiours ce beau miroir à la main qui
vous embellira d'autant plus auantageuſement qu'il
ne vous flattera point, & vous faiſant voir iuſques
au fonds de voſtre propre volonté, vous produira

vos bonnes œuures dans leur excellence, & les mauuaiſes dans leur laideur. En effet quand vous auez vn
meſme cœur pour autruy que vous auez pour vous
meſme, vous eſtes dans la voye de la iuſtice ; mais
vous vous en écartez, quand vous vous comportez
d'vne façon dót vous ſeriez bien marrie que d'autres
ſe comportaſſent en voſtre endroit.   Cependant ce
n'eſt pas Dieu ſeulement qui nous aprend à proce-
der de la ſorte, mais ncor la raiſon & la nature. Voila toutes les difficultez qui ſe rencontrent en l'obſer-
uation de la loy de Dieu, qu'on doit appeller pluſtoſt des facilités de bien faire.   N'auons nous pas
bien ſuiet de dire que ſes commandement ſont rudes & qu'il ne ſemble eſtre Seigneur que pour eſtre
ſeuere à ſes ſeruiteurs.   Nous reſiſtons à ſa volonté,
pource que nous iugeons qu'il eſt mal-aiſé voire impoſſible d'y obëyr. Nous ne nous contentons pas de
ne pas faire ce que ce grand Legiſlateur nous enioint,
nous le voulons encor faire paſſer pour iniuſte, veu
que nous nous plaignons de ce qu'il ne nous à pas
ſeulement ordonné des choſes qui ſont difficiles,
mais nous a dit d'en faire d'autres qui abſolument
ne ſont pas faiſables.   Il nous dit de faire aux autres
ce que nous voulons qu'ils nous facent.   Eſt-il rien
de plus doux & de plus conforme à la nature raiſon-
nable ?   Ce Pere commun veut que la Charité nous
vniſſe par les liens des bien-faits reciproques, &

M iij

que nous nous aymions en nous obligeant mutuel-
lement. Ses commandemens ne regardent pas
moins noftre profit general que fa gloire particuliere. N'eft-ce pas là vne bonté auffi ineffable en fes
effects que merueilleufe en fon principe? Elle nous
promet des recompenfes fi nous nous cheriffons les
vns les autres : c'eft à dire, fi nous nous rendons des
deuoirs qui nous font auffi neceffaires qu'auanta-
geux. Dieu nous offre le comble de tous les biens
fi nous recherchons comme il faut nos commoditez. Cependant, nous refiftons à fa volonté auec
autant d'orgueil que d'ingratitude, & fommes fi
dénaturez que fes commandemens mefmes eftans
des graces qu'il nous faict, nous les mefprifons pour
eftre ennemis de nous-mefmes en nous rendant fes
ennemis.

XIX. Apres vous auoir recommandé l'obferuation de la loy de Dieu, ie vous confeille maintenant de bien garder voftre langue ; tant s'en
faut que vous deuiez vous emporter à la detra-
ction, qu'au contraire vous ne deuez iamais fouffrir les detracteurs dans le commerce ordinaire. Ne
vous imaginez pas que de blâmer autruy ce foit le
fuiet de vous faire loüer du monde. Plufieurs penfent cacher leurs defauts en publiant ceux de leur prochain : mais ils font monftre de leur enuie auffi bien
que de leur malice. Ayez plus de foin de regler vo-

ftre vie que de reprendre celle des autres. Souuenez-vous que l'Efcriture dit que ceux qui parlent mal du prochain ne font pas dans vne bonne conftitution : ils feront déracinez s'ils penfent f'eftablir par là. Cependant, il y a peu de perfonnes qui renonçant aux autres vices ne s'attachent à celuy-cy. Vous trouuerez bien peu de gens qui ayent vn tel foin de fe rendre irreprochables qu'ils n'ayent aucuns reproches à faire à pas vn de leurs voifins. Ils ne femblent éuiter l'infamie que pour la faire tomber fur autruy. Enfin, les hommes font fi malades de cette maudite enuie, qu'ils tombent pour la plufpart dans ce dernier lacet du diable apres f'eftre defembaraffez de fes autres pieges. Vous deuez donc apporter d'autant plus de diligence à fuïr ce mal qu'il nous fuït auec plus de facilité : & pour vous accouftumer à ne rien dire qui offenfe voftre prochain, accouftumez-vous à ne rien croire de ce qu'on vous peut dire au defauantage de fon honneur. Ne permettez point que ces langues venimeufes, qui penfent tirer leur bien du mal de leurs freres, fe puiffent authorifer par voftre confentement, & qu'ils prennent voftre filence pour vne approbation tacite de leurs difcours. Nous fommes affez chargez de nos crimes fans que nous nous chargions encore de ceux que les autres font. C'eft prendre leur peché fur nous que de ne le pas empefcher quand nous le deuons, & que nous le pouuons faire.

XX. C'eſt auec autant de zele que de prudence que le Sage nous auertit de fermer l'oreille auec
des eſpines quand vn médiſant nous vient demander audience. Il luy faut teſmoigner qu'il nous
bleſſera deuant que de bleſſer aucune autre perſonne
en noſtre preſence. Et lors que Dauid veut former l'idée d'vn homme parfaitement innocent,
qui vit neantmoins dans la corruption du ſiecle, il
met entre les autres qualitez qu'il luy donne la reſiſtance qu'il fait à ceux qui choquent les abſents par
des propos malicieux. Il ne haït pas ſeulement les
detracteurs, mais encore il les perſecute. Il les cor-
rige publiquement quand ils faillent en ſecret. En
effect, ce vice dont il parle doit eſtre banny en premier chef d'vn cœur qui deſire chanter les loüanges
de Dieu en ne publiant point l'opprobre des hommes. La credulité meſme en matiere de mœurs eſt
preſque auſſi dangereuſe que l'infidelité en matiere
de Religion. Il n'y a rien qui inquiete tant vne a-
me que la facilité qu'elle a à receuoir indifferemment
toutes ſortes d'impreſſions ; la legereté qu'elle fait
voir à ne rien rejetter de ce qu'on luy dit, monſtre
bien qu'elle n'auroit pas beaucoup de conſtáce pour
faire reſiſtance au mal qu'on dit auoir eſté fait. De
plus, ceux qui prennent plaiſir à oüir des cas dangereux, nous font penſer qu'ils ne ſeroient pas marris
d'eſtre diſſolus comme les autres, puiſqu'il eſt cer-

tain

tain que ce qui ſert d’agreement à nos entretiens
ſert d’entretien à nos cœurs.

XXI. Les diſſentions & les inimitiez qu’on
voit dans les familles ne viennent pas quelquefo·s
d’vne mauuaiſe action, mais d’vne mauuaiſe parole.
Pluſieurs ſe picquent plus de ce qu’on a dit qu’ils
ſe ſont mal comportez que ſi en effect ils n’auoient
pas bien agy ſuiuant leur deuoir : & le babil de trois
ou quatre coquettes couſte la vie à beaucoup d’hommes. Ce dereglement encor a le pouuoir de ſemer
de la diuiſion dans la plus indiuiſible ſocieté des a-
mis, & les ruptures qui arriuent entr’eux ne procedét
pas de quelque offenſe réelle , mais d’vne picque
imaginaire. On leur a faict vn mauuais rapport :
voilà pourquoy il ſe faut porter ſur le pré. Il ſe faut
couper la gorge pour expier les folies de la voix d’vne
menteuſe. Tout au contraire, c’eſt vne grande ſource de repos que cette belle grauité, qui ne ſçachant
rien dire contre le prochain, ne ſçait auſſi rien croire
de ce qu’on aduance à ſon deshonneur ; & celuy-là
ſe peut dire bien-heureux qui ſ’eſt tellement muny
contre les pechez de la langue que les plus meſchans
n’oſent plus que bien parler en ſa preſence. Si nous
fermions ainſi l’oreille aux detracteurs nous leur fer-
merions la bouche ; ils craindroient de diffamer leur
prochain en noſtre compagnie, ſi nous leur faiſions
reconnoiſtre que leur procedure ne ſert qu’à les met-

N

tre dans le tort & à iuſtifier les autres. Qu'ils apprennent qu'ils ſ'auiliſſent en penſant auilir autruy.
Ils loüent leurs ennemis en ſ'efforçant de les blâmer.
Mais ce mal ſ'épand fort facilement, pource qu'il a
force approbateurs, & qu'au lieu de receuoir des
punitions il ne reçoit que des applaudiſſemens. Pluſieurs ſe plaiſent à faire de mauuais diſcours, d'autant que nous nous plaiſons à les entendre.

XXII.   Le miel d'Heraclée qui fait mourir en
riant n'eſt pas moins dangereux que le venin. S'il
vous faut fuïr les médiſans fuyez auſſi les flatteurs &
complaiſans; ce ſont les delices du commerce, mais
ce ſont les peſtes de l'ame. Il n'eſt rien qui corrom-
pe ſi facilement les eſprits des hommes que la flatterie, pource qu'elle les corrompt agreablement : elle
bleſſe en careſſant, & tuë en ſouhaittant vne longue vie au ſujet qu'elle fait mourir. Vn ſage a fort
bien reconnu cette verité, quand il a dit que les paroles des flatteurs ſont grandement douces, mais
qu'elles percent les entrailles, & ne ſ'approchent du
cœur dans l'agreement, que pour l'eſtouffer dans le
regret.   Dieu meſme exprime excellemment cecy
quand il dit à ſon peuple que ceux qui le beatifient
par auance, le ſeduiſent en effect, & qu'ils luy font
perdre ſes pas en luy faiſant faire quelque agreable
détour.   Ce vice a touſiours eu de la vogue, mais il
en a plus en ce ſiecle, où il paſſe pour vertu. Ce qui

n'eſt qu'orgueil ſecret eſt pris pour humilité : on tient que la trahiſon qui eſt bien couuerte eſt vne vraye bien-veillance. De là vient que ceux qui ne ſçauent pas flatter paſſent pour arrogans ou pour enuieux. Cependant, n'eſt-ce pas vn artifice bien delié, & vne ſimplicité bien double d'eſtimer autruy pour ſe rendre recommandable, d'obliger vn homme en le ſeduiſant, & de vendre de fauſſes loüanges à vn veritable prix? & neantmoins, c'eſt le trafic ordinaire de ce peché qui nous ruïne en faiſant ſemblant de procurer noſtre aduantage.

XXIII. Mais n'eſt-ce pas vne grande legereté d'eſprit, iointe à vne extréme irregularité de raiſon, de laiſſer le teſmoignage de ſa conſcience pour ſuiure l'opinion d'autruy, & de croire moins à noſtre cœur qu'à la diſſimulation d'vn fourbe? C'eſt vne folie ſpecieuſe de ſenfler d'vn vent d'vne loüange apoſtée, de ſe réjoüir de ſe voir dupé, & de prendre la mocquerie pour vn bien-fait. On cherche l'honneur dans l'ignominie. Que les autres facent des fautes ſous vn beau pretexte de perfection; Pour vous, Madame, ne recherchez point les eloges des hómes, ſi vous deſirez d'eſtre veritablement loüable; preparez voſtre cœur pour celuy qui portera du iour iuſqu'au fonds des tenebres, qui manifeſtera ce qu'il y a de plus ſecret dans les cœurs, & lors vous reconnoiſtrez ſil ne vaut pas mieux eſtre eſtimé du Crea-

teur que des creatures. Apres cela, tenez touſiours
voſtre ame éueillée contre l'ennemy qui ne dort
point, & qui ne veille qu'afin de vous oſter le vray
repos: Pour ne point faillir en des choſes d'importance, ayez touſiours des preſeruatifs contre les fautes les plus legeres, & craignez meſme où il ne faut
pas craindre, pour touſiours craindre où il faut. Que
voſtre diſcours ſoit dans vne mediocrité circonſpe-
cte, & dans vos entretiens donnez à connoiſtre que
vous parlez pluſtoſt par vn motif de neceſſité ou de
bien-ſeance que par vne ſimple enuie de diſcourir.

XXIV.   Il faut qu'vne chaſte retenuë ſerue
d'ornement à voſtre prudence, & que la pudeur qui
eſt la plus haute qualité des honneſtes femmes, tienne l'empire ſur toutes vos autres vertus. Deuant que
d'ouurir la bouche pour dire vn mot, conſultez auec
voſtre conſcience ſil le faut dire , & prenez garde
dans le ſilence à ne vous pas repentir apres que vous
aurez parlé. Il faut que la penſée peſe toutes vos paroles, & que la balance du iugement menage bien
les treſors de voſtre langue. C'eſt ce que veut dire
l'Eſcriture Saincte quand elle nous aduertit de puri-
fier noſtre or & noſtre argent, de faire vne balance
à nos paroles & vn frein à noſtre bouche, de peur
qu'vn ſi petit membre que la langue ne nous cauſe
de grands maux. Il ne faut iamais qu'vn mauuais
mot ſorte de voſtre cœur contre le prochain , veu

que pour comble de bonté vous estes obligée de benir ceux qui vous maudissent. Nous deuons vaincre les fougues d'autruy par vne inuincible patience,
& adoucir leur cholere en la supportant. Les trans-
ports de leurs passions cederont à vostre modestie, & vostre douceur flechira leur cruauté. Pour
les iuremens & les mensonges, ie veux que vous
ignoriez que c'est que d'en prononcer, & que vous
aymiez tellement la verité, que tout ce que vous as-
seurerez simplement puisse passer pour vn serment
solennel. Le Sauueur nous apprend à nous contenter d'vne nuë exposition des choses que nous auan-
çons, & de mener vne vie si irreprochable qu'on ne
puisse iamais douter de nostre fidelité. Ceux qui
confirment vne chose auec trop d'empressement
semblent iuger qu'on a raison de croire qu'elle est
deguisée.

XXV. Conseruez le repos de l'ame dans
vos entretiens aussi bien que dans vos actions, &
soyez tousiours plus presente d'affection à Dieu qu'à
vous-mesme. Ayez tousiours les yeux sur luy, puisque c'est vn Espoux qui ne vous perd iamais de
veuë. Tenez vous tousiours dans l'humilité si vous
voulez entrer dans la gloire, & n'ayez iamais d'ambition que de triompher de la vanité, & d'abbattre
tous les vices dans vostre ame. Ne souffrez iamais
que l'orgueil vous éleue, ou que l'auarice vous ab-

baiſſe. Que la cholere ne vous emporte point, & que la laſcheté ne vous ramolliſſe iamais le cœur. Il n'y doit rien auoir au monde de ſi beau ny de ſi pur qu'vne ame où Dieu doit habiter plus volontiers que dans vn Temple. Ce ne ſont pas proprement des Egliſes magnifiquement baſties ny des Autels enrichis de perles qui aggreent à ſes yeux, mais pluſtoſt vne ame embellie de vertus. En vn mot, l'eſprit luy plaiſt plus que la matiere, quelque delicate qu'elle ſoit. C'eſt pour cela que les cœurs des Sainċts ſ'appellent des temples, & que l'Apoſtre dit que ceux qui les violeront, Dieu les perdra infailliblement. La ſainċteté ne doit pas ſouffrir de prophanation en elle-meſme.

XXVI. Mais principalement faites touſiours grand eſtat de l'humilité, & perſuadez-vous qu'il n'y a rien ny de plus aymable ny de plus noble. C'eſt comme la conſeruatrice & la gardienne de toutes les autres vertus : & le moyen de nous rendre parfaiċtement agreables à Dieu & aux hommes, c'eſt d'eſtre grands en merite deuant le monde, & petits à nos propres yeux. C'eſt ce que veut dire le Sage quand il dit que plus vn homme eſt eleué, plus il ſe doit humilier en toutes choſes, & que ſ'il veut auoir de la grace deuant Dieu, il ne doit pas trop rechercher d'en auoir deuant les hommes. Le Seigneur dit auſſi par la bouche de ſon Prophete, que ſon

Esprit ne se reposera que sur celuy qui ne se repose
point sur soy-mesme, qui vit dans vne parfaite tran-
quillité parmy les troubles de la vie, & qui dans l'a-
mour qu'il porte à Dieu, sçait tousiours trembler
deuant la face d'vne si grande Majesté. Toutesfois,
quand ie vous parle de vous adonner à l'humilité, ne
vous imaginez pas que ie parle de celle qui est plustost vn orgueil deguisé, qu'vne vraye sousmission.
Quelques-vns croyent que cette vertu ne consiste
qu'à parler bas, ou qu'à contraindre vn peu les gestes
du corps; Pour moy, ie parle d'vne perfection qui a
ses racines dans le cœur & ses fruicts au dehors. C'est
toute vne autre chose de posseder vne vertu que de
n'en auoir que la ressemblance: & ce n'est pas auoir
trouué la verité des choses que de n'en poursuiure
que l'ombre. Il n'y a point de superbe plus difforme
que celle qui se couure de quelques marques d'humilité. Car les vices sont en certaine façon plus laids
quand ils sont cachez sous l'apparence des vertus.

XXVII.   Ne vous preferez à personne pour
la noblesse de l'extraction, & ne pensez pas que d'autres vous soient inferieures pource qu'elles ne sont
pas nées dans la Grandeur. A bien prendre les choses, nous venons tous de la race d'vn laboureur qui
fut banny du Paradis terrestre apres s'estre rendu criminel de leze Majesté Diuine. Et puis la Religion
ne sçait que c'est de mettre de la difference entre les

conditions des perſonnes : elle regarde plus les
qualitez de l'ame que celles de la fortune ; elle iuge
de la nobleſſe & de la ſeruitude par les mœurs des
hommes , & non pas par leur maiſon. Il n'y a
proprement qu'vne eſpece de liberté deuant Dieu,
qui eſt de n'eſtre point ſubjet au peché. Le plus
haut poinct de nobleſſe, à l'aduis de ce grand Iuge
Souuerain, c'eſt d'eſtre eminent en vertu. Ce ne
ſont pas nos ayeuls , ce ſont nos perfections qui
nous peuuent rendre illuſtres. Il n'y a point eu
d'homme plus eleué en dignité que Sainct Pierre,
& neantmoins c'eſtoit vn pauure peſcheur. Eſt-il
de femme qui ayt plus de grandeur que MARIE,
c'eſt pourtant la femme d'vn Charpentier ? Ce
Peſcheur fut fait Chef & Conducteur du grand
Vaiſſeau de l'Egliſe, & ce pauure fut fait Diſpen-
ſateur de tous les treſors du Ciel. N'ayant eu qu'v-
ne barque ſur la terre, il a maintenant les clefs du
Royaume du Ciel. Tout de meſme, cette femme
d'vn Charpentier. a merité d'eſtre Mere de celuy
qui a donné les clefs à Sainct Pierre. Dieu a choi-
ſy les choſes du monde les plus mépriſables pour
humilier plus facilement les grandes. Il ſ'eſt ſeruy du neant pour deſtruire ce qui eſtoit ; il a pris
les rebuts de l'vniuers pour les eleuer au faiſte de ſa
gloire & de ſon agreement. Ainſi donc, c'eſt à
tort que quelques-vns ſe vantent des aduantages
de leur

de leur naiſſance, veu qu'en l'eſtimation de Dieu tous les fideles ſont d'vne meſme condition , & qu'ayất eſté tous racheptez du Sang de ſon Fils bien-aymé, ils ont eſté mis à vn meſme prix. Il n'importe point de quelle race vn homme eſt né , veu que nous renaiſſons tous egalement en IESVS-CHRIST. Et certes, ſi nous nous oublions d'auoir eſté tous originairement engendrez d'vn ſeul homme, nous nous deuons ſouuenir que nous ſommes tous regenerez par vn autre.

XXVIII. Au reſte, ne croyez pas eſtre arriuée à la fin de la perfection ſi vous auez commencé d'eſtre abſtinente. Ce n'eſt pas eſtre ſaincte que de ieuner; l'abſtinence & la ſobrieté ſont des aydes qui nous ſeruẽt à acquerir la ſaincteté, mais qui ne ſont pas l'acheuement de la ſaincteté meſme. Au contraire, vous deuez prendre garde que vous paſſant des choſes licites, vous n'ayez trop de confiance de vous pouuoir paſſer deformais des defenduës. Tout ce qu'on offre à Dieu par ſupererogation, c'eſt à dire par deſſus l'exigence de la Iuſtice, ne doit pas empeſcher, mais ayder la Iuſtice meſme. Que ſert-il d'extenuer le corps à force de ieunes ſi l'ame ſ'enfle d'orgueil ? Quelle loüange merite-t'on de pâlir par vn effect de l'abſtinence ſi l'envie nous donne auſſi des impreſſions de ſa couleur? Y a-t'il de la vertu à ne point boire de vin, & à ſ'enyurer cependant d'a-

m our ou de haine? L’abſtinence eſt excellente, &
le chaſtiment du corps eſt fort aduantageux lors que
l’ame ſ’abſtient du peché, quand l’appetit ſ’abſtient
de manger. Voiremeſme, ceux qui ſçauent vſer de
l’abſtinence comme il faut, & qui ſont temperants
par raiſon pluſtoſt que par foibleſſe ou par caprice,
n’affligent leur corps qu’à deſſein d’abaiſſer l’orgueil
de l’ame, afin que deſcendant comme du faiſte de
l’arrogance par les degrez du meſpris d’eux-meſmes,
ils viennent à faire la volonté de Noſtre Seigneur,
qui ſ’accomplit principalement dans l’humilité. Ils
detournent leur eſprit de l’vſage & du deſir de pluſieurs viandes, pour occuper toute ſa force à la pour-
ſuite des vertus. Le corps ſent moins le trauail du
ieune & de l’abſtinence lors que l’ame a faim & ſoif
de la iuſtice.

XXIX. Quand Sainct Paul, qui de perſecu-
teur de l’Egliſe eſt deuenu vaiſſeau d’election, dit
qu’il aſſubjettit ſon corps pour trouuer vne parfaicte liberté, de peur que preſchant aux autres le
moyen de ſe trouuer parmy les éleuz, il ne ſe trouue
enfin au nombre des reprouuez; il ne faict pas tant
cela pour la Chaſteté que pour le courónement de la
perfection. L’abſtinence ne ſert pas ſeulement à
cette vertu, mais encore à toutes les autres. Ce n’eſt
pas toute la gloire de l’Apoſtre, que de ne pas eſtre
impudique; il veut donc edifier ſon ame par vne

destruction morale du corps, afin que son cœur ayt
d’autant plus de loisir de songer à l’acquisition des
vertus qu’il songera moins à la recherche des voluptez.   Ce Maistre de perfection ne veut rien laisser
d’imparfait en soy-mesme, & se declarant imitateur
de Iesvs-Christ, il ne pretend rien faire qui
semble tant soit peu contraire ou à la volonté ou à la
vie de Iesvs-Christ. Il ne veut pas tant enseigner par parolle que par exemple, ny se damner
en sauuant les autres. Il pretend de se couurir du
reproche que Nostre Seigneur faisoit si souuent aux
Pharisiens quand il leur disoit que leurs cœurs e-
stoient aussi prophanes que leurs parolles estoient
sainctes. Les Apostres au contraire nous ont pres-
ché par effect & par preceptes, de n’auoir pas seulement soin de la conscience, mais encor de la bonne
reputation. Et certes, ce n’est pas sans raison que le
Maistre des Gentils entr’autres nous fait vne si belle
leçon, puisqu’il veut que les Payens soient conuertis
par la conuersation des fideles aussi bien que par ses
Sermons, & que la discipline des mœurs des Chrestiens en particulier soit vne preuue generale du
Christianisme.

XXX.   L’Escriture aussi nous ordonne de
reluire comme des flambeaux dans les tenebres du
monde, & de garder la probité parmy la corruption
des mœurs des hommes, afin que les esprits incre-

dules quittent leur erreur en nous voyant suiure la
verité, & reconnoissent leurs vices par l'opposition
de nos vertus. C'est pourquoy nous ne deuons pas
seulement auoir soin de bien faire deuant Dieu, mais
encore deuant les hommes. Nous ne deuons donner aucun subiect de scandale ny aux Iuifs ny aux
Gentils, ny à la Synagogue ny à l'Eglise. S. Paul
nous propose en cela son exéple, en nous faisant part
de ses instructions, il dit qu'il tâche de plaire à chacun en tout & par tout; pource qu'il ne regarde pas
tant son interest particulier que le bien general du
monde. Heureux celuy qui regle sa vie auec vne
œconomie si iuste, qu'on n'ose pas mesme controu-
uer rien contre luy qui soit desauantageux à sa gloire aussi bien qu'à sa probité ; de telle sorte que la
grandeur de son merite combatte tousiours l'enuie
mesme des médisans, & que personne n'ose feindre
ce qu'on sçait bien que personne ne croira ! Que
s'il est aussi difficile de venir à ce poinct de perfection
qu'il est glorieux à vne creature d'y estre enfin heureusement arriuée, ayós soin pour le moins de ne pas
donner subiect aux mauuaises langues de parler de
nos mauuaises actions, & de ne laisser pas sortir de
nous des bluettes qui causent apres ce grand incen-
die dont la fumée peut obscurcir nostre reputation.
Autrement certes, c'est hors de raison que nous nous
faschons contre les detracteurs si nous leur fournis-
sons matiere de detracter.

XXXI. Que si au contraire ils ne laiſſent pas de nous blâmer quoy que nous ne facions que de loüables actions, & s'ils nous diffament pource qu'à leur aduis nous auons trop de ſoin de l'honneſteté, nous deuons nous conſoler dans les ſatisfactions de noſtre propre conſcience, qui n'eſt iamais plus aſſeurée que lors qu'on l'accuſe, quoy qu'elle ſoit irreprochable. Pourueu que nous craignions Dieu, ne craignons pas les diſcours des hommes. Si nous ne leur donnons pas occaſion de mal penſer, ne nous ſoucions pas de les entendre médire. Souuenons-nous que le Prophete iette le carreau de malediction contre ceux qui appellent le bien du nom de mal, & le mal du nom de bien, qui prennent la lumiere pour les tenebres, & les tenebres pour la lumiere; en vn mot, qui trouuent de la douceur où il n'y a que du fiel, & du miel où il n'y a que de l'amertume. Apres tout, c'eſt vn grand aduantage pour nous que le diſcours du Sauueur, qui appelle bien-heureux ceux que les hommes maudiſſent, ſe puiſſe verifier en noſtre perſonne. Taſchons ſeulement de faire en ſorte qu'aucun ne puiſſe offenſer noſtre reputation qu'en offençant la verité, & qu'on ſoit obligé de mentir deuant que de nous blâmer. Pour concluſion, ie vous recommande d'auoir vn tel ſoin de voſtre maiſon, que vous ne ſembliez pas negliger voſtre ame. Ce qui eſt neceſſaire vous doit touſiours plus occuper · ·

O iij

que ce qui n'eſt qu'acceſſoire. Ayez quelque lieu cõ-
mode & eloigné du bruit ordinaire de la famille, où
vous puiſliez parler à Dieu apres auoir conuerſé auec
les hommes. Que ce ſoit là voſtre port où vous vous
retiriez apres les tempeſtes de la vie, pour calmer les
flots de vos penſées par la quietude de l'oraiſon.

XXXII. Vaquez à voſtre interieur apres
auoir vaqué à tout ce qui eſt hors de vous. Au
lieu de tant de Romans que les curieuſes liſent, ne
liſez que des choſes ſainctes, & apprenez pluſtoſt
d'excellentes veritez que des menſonges ſpecieux.
Soyez touſiours en priere, puiſque dans le monde
vous eſtes touſiours en neceſſité quelque riche que
vous ſoyez, & ne mépriſez pas les threſors du Ciel
pour amaſſer ceux de la terre. Dans le temps ſongez
touſiours à l'Eternité, & commencez à viure comme
vous viurez apres voſtre mort. Ne perdez aucun
moment des heures que vous deuez deſtiner à Dieu,
& croyez auoir eſté bien oiſeuſe quand vous n'aurez
pas trauaillé pour luy. Or ie ne dy pas cecy pour
vous eloigner de vos domeſtiques meſmes, mais
pour vous approcher de Noſtre Seigneur. Voire,
i'oſe dire que ie les oblige au lieu de les rebutter,
puiſque ie veux que vous appreniez en ſecret quelle
vous deuez eſtre en public, & que vous ne ſerez iamais meilleure Maiſtreſſe de vos ſeruiteurs & de vos
ſujets que quand vous ſerez bonne ſeruáte de Dieu.

Fin du premier Liure.

LA
BIBLIOTHEQVE
DES DAMES.

LIVRE SECOND.

ARGVMENT.

L n'appartient proprement qu'aux Grands d'auoir vn grand mépris du monde. Ceux qui poſſedent beaucoup, peuuent beaucoup quitter. Rome n'a preſque point veu de plus noble Dame que Paula, ny vne Saincte plus humble. Elle deſcendoit des plus illuſtres familles du monde, & ne pouuoit augmenter la gloire de ſa maiſon qu'en entrant dans celle de IESVS-CHRIST. Elle fut mariée à vn grand Seigneur nommé Toxotius, dont elle eut vn garçon & quatre filles, auſſi conſiderables pour leur vertu, que pour leur beauté ſinguliere. Son mary eſtant mort, elle ſe reſolut de ne plus viure qu'à Dieu, & fiſt voir dans la capitale de l'vniuers, vn triomphe ſolennel ſur toutes les vanitez du ſiecle. Enfin, s'ennuyant d'habiter en vne terre où l'Eſpoux Celeſte n'auoit iamais eſté en perſonne durant ſa vie, elle fiſt le voyage de la Paleſtine, auec autant de pieté que de patience. C'eſt là qu'elle baſtit quantité de Monaſteres pour les hommes & pour les femmes, qu'elle n'edifioit pas moins par ſes exemples que par ſes bonnes inſtruĉtions. Aprés cela, elle eut le bonheur de mourir où le Sauueur eſtoit né. Et comme ſa

P

vie auoit esté la consolation des fideles, son deceds fut
suiuy d'vne generalle defolation. Euftochium principalement en conceut plus de regret, pource qu'elle eftoit fille d'vne si bonne mere, & qu'ayant perdu Paula, elle
sembloit auoir perdu tout d'vn coup sa cause originelle &
exemplaire. Sainct Hierofme, qui ne reueroit pas
moins l'vne que l'autre, escriuit à la fille vne lettre de con-
folation fur le tre∫pas de sa mere; où il eftala égalemenr
son eloquence & ses regrets, son respect, & l'affection
qu'il auoit pour la sainéteté. Il commence son difcours par
vne impuissance apparente de parler, & louë souueraine-
ment Paula, en di∫ant qu'elle eft par dessus toute loüange.
Il passe apres legerement sur sa noblesse, remarquant
qu'elle eft plus recommandable pour l'auoir genereusement
méprisée que pour l'auoir heureusement euë. Il décrit en
suite la vie qu'elle menoit dans le mariage, accordant par-
faiétement l'aufterité auec les plaifirs, & la continence
conjugale auec la fecondité. Apres, il monftre comme ayant
perdu son mary, elle ne voulut plus posseder de biens sur la
terre, & comme elle ne trouuoit que bassesse dans toutes les
grandeurs du monde. Il adioufte qu'elle prit vne belle re-
folution de changer la pompe de Rome auec l'humilité de
Bethleem, & de preferer la petite terre de Iudée à la terre
des plus grands Conquerans de l'vniuers. C'eft là qu'ayant
representé son voyage, il faiét vn abregé de sa vie & de
ses vertus, & compose son Epitaphe apres auoir faiét son
Eloge. I'ay creu que l'image de cette illuftre Romaine ne

déplairoit pas aux Dames de Fráce; & qu'en considerant
ses voyages, elles aprendroient le moyen de marcher auec
seureté dans la carriere de la vertu. J'auoüe neantmoins
que ie n'ay pas traduit tout le discours de Sainct Hierofme de peur de rendre desagreable en françois, ce qui agrée
dans le Latin, & pour diuersifier les matieres, en les
abregeant. J'ay sur tout obmis le iournal de pelerinage
de Paula, tant pource qu'il est vn peu long, qu'a cause
qu'ainsi que dit le mesme Docteur vne personne n'est pas
tant loüoble d'auoir esté en Hierusalem que d'y auoir
bien vescu. Au reste les Dames ne se doiuent pas rebuter d'vn exemple si haut, comme est celuy d'vne des plus
grandes Religieuses du monde; qu'elles imitent sa charité, si elles ne veulent pas tout quiter pour l'amour de
Dieu. Qu'elles viuent comme elle viuoit dans le mariage, si elles ne peuuent pas viure comme elle a vescu
dans le Celibat. L'occasion ne leur permettant pas de
visiter les saincts lieux, qu'elles se souuiennent au moins
de s'esloigner des prophanes. En vn mot, si leur estat les
empesche de suiure de si pres le Sauueur, qu'elles ne le
suiuent pas de trop loing.

Apres ces auertissements generaux, i'en dois donner
encore deux particuliers aux personnes qui auront vn
peu de temps à employer pourouyr vn mauuais truche-
ment d'vn bon Genie. L'vn est que comme sainct Hierosme fut blasmé d'auoir escrit en faueur de Paula, quel-
ques-uns ont aussi trouué mauuais que i'aye traduit saint

Hierofme. Ils difent qu'il ne faut pas rendre communs
les myfteres des Docteurs de peur de les rendre méprifa-
bles, & que ce qu'ils ont traité en leur fiecle n'eft pas
toufiours bon pour le noftre. J'ay à reſpondre à ces mé-
contents que comme ceux qui blamoient la faincteté du
grand Directeur de Paula eftoient des eſprits prophanes
ceux qui blafment fon interprete font des impies. Les verités de la foy ne font pas des chofes qu'il foit defendu de
fçauoir, & les traictés des faincts Docteurs qui peuuent regler les meurs des fideles, ne nous fçauroient eftre
trop familiers. La perfection eft bonne pour tous les
fiecles, auſſi bien que pour tous les âges, & il n'y a point
de temps dont la prefcription nous puiſſe diſpenſer de fonger à l'eternité. L'autre auis que ie donne icy eft, qu'encore que ie face eftat de ſuiure par tout la fougue de S.
Hierofme, ie ne m'eftends pas pourtant à l'egal de luy.
Je tafche de prendre fon fens fans prendre toufiours fes
termes, & ne crois pas le choquer en adouciſſant vn peu
cét air de feuerité qu'il femble tirer du defert. Il ne fera
pas marry de reuenir de Bethleem à la Cour, pourueu
que de la cour il puiſſe mener des perfonnes en Bethleem.

ELOGE
DE Ste. PAVLA
PAR SAINCT HIEROSME.

I. **Q**VAND i'aurois autant de langues que mon corps a de parties, & que tous mes membres fembleroient eftre eloquens, ie n'aurois pas affez de voix pour publier les vertus incomparables de Paula. Car vn fubject que les Anges ont admiré ne fçauroit eftre bien exprimé par des paroles humaines. Cette Dame eftoit iffuë d'vne extraction extremement noble, mais fa fainéteté auoit de beaucoup accreu fa nobleffe: & fi les richeffes la rendoient autres-fois puiffante, la pauureté de IESVS-CHRIST la rend bien plus confiderable. C'eft vne merueille de voir qu'vne perfonne qui defcendoit du Sang des Gracqües & des Scipions, qui auoit herité des biens auffi bien que du nom de Paul, qui contoit parmy fes anceftres la mere mefme du conquerant de l'Affrique, ait preferé Bethleem à Rome, & changé

P iij

des Palais tous d'or & de marbre à la baſſeſſe d'vne
cellule de chaume & d'argille.

I I. Nous ne pleurons pas pour auoir perdu
vne ſi grande Princeſſe, quoy que ſa perte nous
ſemble eſtre irreparable: mais nous remercions Dieu
de nous auoir permis de la poſſeder, & de nous en
laiſſer meſme la iouïſſance lors qu'elle n'eſt plus au
monde. Nous ſçauons que toutes choſes viuent en
Dieu, & que tout ce qui s'en retourne au Seigneur,
fait nombre dans ſa famille. Les palmes du Liban
ne meurent pas, quoy qu'on les tranſporte aupres
de ce fleuue qui arrouſe la Hieruſalem celeſte. Aſ-
ſeurément celle que nous regrettons n'a ceſſé de paroiſtre ſur la terre que pour paroiſtre dans l'Empirée.
Elle eſt ſortie d'vn exil pour entrer dans ſa Patrie.
Tant qu'elle eſtoit attachée au corps elle ſembloit
eſtre ſeparée de ſon Eſpoux, & ſe plaignoit ſouuent
de la longueur de ſon pelerinage mortel dans la
briefueté de la vie.

I I I. Il luy faſchoit vn peu de conuerſer auec
les habitans de Cedar, deuant faire vn eternel commerce auec les Citoyens du Ciel. Elle ne pouuoit
ſouffrir les tenebres dans l'attente d'vn ſi grand iour.
Elle voyoit que la lumiere du monde n'eſtoit rien
qu'vne obſcurité viſible, & que ſes yeux eſtoient
bien foibles ou abrutis, puiſqu'ils n'auoient pas pû
apperceuoir celuy qui eſtoit la ſplendeur du Pere &

le Soleil de Iustice. Sur cette penſée elle ſe regardoit
pluſtoſt comme voyagere que comme femme du
ſiecle, & ſa ſanté meſme luy déplaiſoit, pource qu’elle ne luy permettoit pas de voir rópre cet entre-deux
qui l’épeſchoit de voir ſon bien-aymé face à face. Au
contraire, elle eſtoit bien aiſe d’auoir force maladies,
pource qu’elles l’approchoient de ſon bon-heur : Et
pour ſ’accouſtumer par auance à mener vne vie toute diuine, elle ſe paſſoit quelques fois des neceſſitez
meſme de la nature. Le ieuſne ſembloit eſtre ſon
element, & ſon appetit interieur n’eſtoit iamais aſſouuy que quand ſon abſtinence la rendoit quaſi
famelique. Au reſte, parmy les pointes de ſes dou-
leurs, elle ſ’eſcrioit auec autant de douceur que d’affliction, comme ſi elle euſt veu le Paradis entr’ouuert : *Qui me donnera des ailes de Colombe pour me re-
poſer aupres de l’Agneau ? Ie cognois maintenant que ie
puis entrer dans la gloire, puiſque le Sauueur du monde
me fait l’honneur de me donner quelque part à ſes ſouffrances.*

    I V.   Ie prends icy à teſmoin I E S V S meſme,
tous les Sainéts de ſa Cour, & l’Ange qui fut enſemble gardien & compagnon de Paula, ſi tout ce que
ie diray à ſon honneur n’eſt pas pluſtoſt vne de-
claration de la verité qu’vn effet de la flatterie. Ses
merites ſeront touſiours plus grands que les Eloges
qu’on en peut faire. Aprés tout, ie n’ay point de peur

d'estre démenty , veu que ce que i'auanceray sera
solennellement auoüé de tout l'vniuers , toutes
sortes de personnes en ayant parlé deuant moy. Ie
loüe vne Dame que tous les Pontifes reuerent , que
toutes les Vierges regrettent,& auec laquelle tous les
orfelins conjointement auecque les Religieux disent
que leur esperáce est morte. Voulez-vous sçauoir en
vn mot toutes ses perfections, quoy qu'elles soient
infinies? Elle vient de quitter ici bas tous les pauures
qu'elle nourrissoit comme ses enfans, quoy qu'elle
fust plus pauure qu'eux. Il ne faut pas s'estonner si
i'ay appellé pauures ses parens ou ses domestiques,
qu'elle prenoit pour ses freres ou pour ses sœurs, veu
qu'elle n'a laissé sa fille riche que des dons de la Foy
& des faueurs de la grace. C'est Eustochium dont
ie pretends alleger la douleur par cet Eloge de sa
mere, & qui estant consacrée à Dieu , & ayant pû
succeder aux droicts de tant d'illustres predecesseurs
ne cherche son eleuation que dans son humilité, &
met tous ses tresors à n'auoir point de richesses. Mais
la modestie de la fille me semble aduertir de taire ses
loüanges pour dire celles de sa mere.

   V. Ie laisse à d'autres escriuains le soing de parler de la naissance de Paula ; Pour moy, ie ne veux
traiter que la suite de sa vie. Qu'ils loüent Blesilla &
son pere Rogatus, dont l'vne descendoit des plus an-
ciennes maisons de Rome , & l'autre estoit assez celebre

lebre dans toute la Grece, tant par sa propre grandeur, que par la noblesse qu’il tiroit mesme d’A-
gamemnon l’vn de ses predecesseurs, qui semble
estre le subiect de toutes les fables, aussi bien que
de toutes les Histoires. Nous regarderons en ce
lieu ce qui appartient proprement à Paula, & non
pas ce qui est hors d’elle-mesme. Nous conside-
rerons plutost cette belle eau dans son cours, que
dans sa source. Ce n’est pas qu’il faille mespriser
les auantages de la naissance; mais c’est que ceux
de la bonne vie doiuent estre preferées à tous les
autres : les vns despendent de la fortune, & les
autres de la vertu. Le Sauueur promet le centuple
mesme en ce monde, & vn bon-heur Eternel en
l’autre, à ceux qui pour son Amour quittent les
biens temporels, & refusent d’estre à leur aise,
pour estre plus agreables à leur Seigneur. D’où
nous pouuós apprendre, que ce n’est pas vn poinct
de loüange, que de posseder des richesses, mais
plutost de les mespriser pour la gloire de I E S V S-
C H R I S T. Ce n’est pas estre veritablement illustre, que d’acquerir des honneurs, mais de n’en
faire point d’estat, suiuant les Maximes de la foy;
C’est la grandeur la plus legitime & la plus haute,
suiuant la mesure du Ciel.

VI. Et certes on peut remarquer par l’exemple
de cette Dame, que Dieu est plus liberal dans les

effets, que dans ses promesses, & qu'il sçait tousiours mieux recompenser les bonnes actions, que nous ne les sçauons faire. Pour auoir mesprisé la pompe d'vne seule Ville, Paula triomphe genereusement dans tout l'Vniuers : elle est honorée de toutes les Nations, pour auoir fait peu de cas des applaudissemens du peuple Romain ; & au lieu qu'estant à Rome, elle n'estoit connüe de personne hors des murs de la capitale du monde, Rome mesme, & toutes les terres qui en releuent, l'admirent aussi bien que la Barbarie, cachée qu'elle est dans la grotte de Bethleem. Est-il de climat au monde, d'où il ne vienne des Pelerins, pour contempler les Saincts lieux, où le Roy du Ciel a paru visiblement sur la terre, & fait vn Paradis du seiour de nostre bannissement ? ont-ils iamais trouué dans la terre Saincte, rien de plus admirable dans l'ordre des Creatures, que Paula?

VII. C'est vne Perle, dont le prix fait que les autres semblent n'en auoir point. C'est vn Soleil qui esbloüit & obscurcit, pour ainsi dire, toutes les estoiles par l'excez de sa lumiere. Elle a surpassé la puissance de tous les hommes par sa profonde humilité, elle a donné des exemples à tout le monde, en luy cachant ses plus excellentes actions : elle a esté apparemment la moindre de toutes les femmes, pour estre vne des plus grandes.

plus elle s'abbaissoit aux yeux du monde, plus IE-
SVS-CHRIST la releuoit aux yeux de son Pere. Elle
vouloit viure incognuë, & chacun la cognoissoit,
elle se manifestoit en se cachant, fuyant l'honneur,
elle le meritoit tousiours, & receuoit de la gloire, lors qu'elle la refusoit. C'est aussi la nature de
la loüange, que d'estre l'ombre de la vertu, & d'a-
bandonner les personnes qui la recherchent, comme elle recherche celles qui l'abandonnent.

VIII. Mais qu'est-ce que ie fais ? Ie peche
contre l'ordre du discours, pour loüer hors de
temps les vertus de Paula, & m'attachant trop
precisément à chaque chose, ie laisse le general de
sa vie. Sortant donc d'vne si illustre maison, dont
nous auons tantost parlé, elle entra par vn legitime mariage dans celle de Toxotius, qui descendoit
en droitte ligne d'Enée : comme le nom de Iules
qu'il portoit, & celuy d'Eustochium, qu'il fist aussi appeller Iulia, monstrent auec autant de grandeur, que de certitude. I'ay fait mention de cette Genealogie, non pas que ie face grand cas de
ceux qui ont de semblables prerogatiues de l'an-
tiquité de leur origine, mais pour ce que c'est vne
chose admirable de voir des personnes qui ne s'en
preualent point. Les hommes du siecle estiment
ceux que la Nature a fauorisez de cette façon,
aussi bien que la fortune, mais nous auons appris

à ne priſer que ceux, qui font eſtat ſeulement des faueurs de noſtre Seigneur ; & par vn admirable rencontre, nous loüons ceux, qui refuſent d'auoir de ces auantages, au lieu que nous faiſons peu de cas de ceux qui les ont.

IX.   Dans cette belle alliance, elle donna bien toſt des teſmoignages de ſa fecondité, auſſi bien que de ſa pudicité tres-entiere, premierement à ſon Mary, & puis à ſes parens, & generalement à toute la Ville; lors qu'elle produiſit cinq enfans; qui dans la conſtitution de leurs corps & de leurs ames faiſoient bien voir, que d'vne bonne ſource il ne peut venir que de bons Ruiſſeaux. Elle vit n'aiſtre Bleſilla, comme les premices d'vn ſi heu-reux mariage; quoy que la mort, qui l'emporta ne luy laiſſa guere gouſter les douceurs qu'elle eſ-peroit tirer de ſa vie. I'eus l'honneur autrefois de conſoler la mere ſur le decez de ſa fille; comme à preſent, ie dois conſoler la fille ſur le decez de ſa mere. Elle enfanta Paulina quelques années aprez, qui laiſſa ſon Mary Pammachius, heritier de ſa vertu, comme de ſes autres biens. Euſtochium fut ſa troiſieſme production en ordre de temps, mais la premiere en merite. C'eſt celle qui eſt auiour-d'huy vn precieux ioyau de l'Egliſe & de la virgini-té, & qui dône par ſa vie aux Sainéts lieux meſmes, vn nouueau caraétere de Sainéteté. I'en dirois bien

d’auantage, si i’escriuois à vne autre personne qu’à
elle-mesme ; mais ie ne veux pas que sa modestie
s’offence contre mon zele. Rufina nasquit aprez,
qui par vne fin auancée affligea autant sa mere,
que ses commencemens luy auoient causé de ioye.
Toxotius fut le dernier de ses enfans, aprez la naif-
sance duquel elle n’en conceut plus d’autre, pour
nous monstrer qu’elle ne prenoit les contentemens du mariage, que pour satisfaire aux desirs de
son Mary, & comme il vouloit auoir vn garçon,
elle fut feconde iusques à tant qu’elle eust accomply ses vœux. Aprez qu’il fut mort elle le regreta si
sensiblement, qu’elle faillit à mourir ; d’ailleurs
elle s’adonna tellement au seruice de Dieu, qu’elle
sembloit auoir souhaitté le trespas de son Mary,
pour auoir plus de moyens de ne viure desormais
qu’à l’vnique Espoux de nos ames.

X. Comment pourray-ie icy representer cette noble magnificence, par laquelle elle distribua
aux pauures presque toutes les richesses d’vne des
plus nobles maisons de Rome ; faisant voir par son
exemple, que c’est aux Grands qu’il appartient de
faire de grandes faueurs, & de n’auoir des biens
plus que les autres personnes, que pour leur en faire part. Que diray-ie de cette douceur, & de cette
rare bonté de son ame, qui respandoit ses bienfaits
sur ceux-mesmes qu’elle n’auoit iamais veus, & de-

claroit par fes actions, qu’elle ne feruoit point à
veuë d’œil, mais par la feule confideration de la
vertu. A-on veu mourir de pauures , qu’elle
n’ait fait enfeuelir à fes defpens ; leur continuant
aprez leur mort, les gratifications qu’elle leur faifoit pendant leur vie : Il n’y auoit point d’inualide
qui ne fuft nourry par les foins de cette Dame, auffi bien que par fa contribution, elles les cherchoit
curieufement par toute la ville, comme les threfors viuans de IESVS-CHRIST , & de fideles
changeurs, qui nous font trouuer dans le Ciel, l’argent que nous mettrons fur la terre. Elle contoit
entre fes difgraces, fi quel qu’vn ayant befoin de
fecours ou de nourriture, en trouuoit ailleurs que
chez elle. Elle depouilloit fes enfans pour veftir
les membres de noftre Seigneur, & quand fes parens la blafmoient d’auoir moins de foin de ceux
de fa maifon que des eftrangers, elle leur refpon-
doit, que fes enfans ne fçauroient auoir vn plus
ample heritage, que la mifericorde de Dieu, & la
protection fpeciale de fa fage Prouidence.

XI.　Si fa charité eftoit grande, fa deuotion &
fon humilité n’eftoiét pas moindres; fon Palais luy
fembloit eftre vne prifon, pour ce qu’il luy falloit
receuoir quantité de vifites, & que ne voulant paffer que pour feruante de Dieu, elle paffoit encore
pour la plus noble Dame de Rome. Elle s’affligeoit

de se voir tant honorée comme elle estoit , & fuyoit les loüanges des flatteurs & des vrays amis auec plus de soin, que les autres ne les cherchent: Elle songeoit à se retirer de la Ville , pour posseder veritablement son ame, en quittant toutes les pretensions de la terre. L'exemple de quelques saincts Euesques de l'Orient & de l'Occident, qui auoient esté appellez à Rome , la fortifioient beaucoup dans sa premiere resolution : & les discours de ces Pasteurs des Eglises, luy persuadoient de rompre auec le siecle, pour ne s'attacher desormais qu'à la Religion. Elle vit entre autres le grand Epiphane Euesque de Salamine en Cypre, qui fut mesme logé chez elle, & Paulin Euesque d'Antioche, qui demeurant dans vne autre maison, donnoit pourtant ses plus sacrez entretiens à saincte Paula. Elle souhaitoit passionnément de quitter sa patrie, pour aller dans le Paradis terrestre, ie veux dire, dans la solitude : elle s'oublioit de sa famille, & de toutes les autres choses du monde, pour ne se souuenir que de l'Eternité, & de sa propre perfection. Elle souspiroit aprez l'hermitage des Antoines & des Pauls; & n'auoit point de plus grande ambition dans les plus nobles compagnies de Rome, que de se voir enfin seule. Elle sçauoit bien qu'il y a tousiours plus de Dieu , où il y a moins des creatures.

XII.   En effet l'hyuer s'estant passé dans vn zele si eschauffé de sortir de Rome, elle se resolut
de faire le voyage auecque ces saincts Euesques,
les accompagnant de ses vœux, aussi bien que
de sa presence.   Faut-il tant differer le recit d'vne
action saincte, qui doit rauir tous les Anges, si les
hommes la desaprouuent ? Elle s'en alla au port
accompagnée de son frere, & suiuie de ses parens,
& de ses alliez ; & ce qui est de plus sensible, de ses
enfans, qui s'efforçoient de vaincre par amour &
par tendresse, le courage d'vne si bonne Mere. On
tendoit desia les voiles, & Paula perdoit terre auec
le vaisseau, qui s'eslargissoit en Mer, lors que le petit Toxotius commença à tendre ses mains sur le
riuage, pour arrester sa Mere, mesme lors qu'elle
se retiroit. Rufina estant desia en estat de se marier,
la prioit tacitement par ses larmes, d'attendre pour
le moins iusques apres la solemnité de ses nopces,
& de ne la pas quitter deuant qu'elle eust pris party. Mais Paula leuant les yeux au Ciel, les empes-
choit de ietter des larmes, & l'amour de Dieu l'emportoit dans son cœur, sur l'affection qu'elle auoit
pour ses enfans : elle ne se reconnoissoit plus pour
Mere, pour se monstrer vraye fille du Pere eternel
& fidele seruante de IESVS-CHRIST. Ce n'est
pas que ses entrailles ne sentissent lors plus de con-
uulsions, que quand elle les enfanta ; elle ne pou-

uoit

uoit pas se separer de ses membres, sans souffrir de
la violence. Mais par sa constance elle combattoit sa
douleur, & se monstroit d'autant plus admirable
que les autres, qu'elle repoussoit mesme les assauts
d'vn excez de charité.

XIII.   Il n'est rien de plus fascheux dans la ca-
ptiuité mesme, que lors que les ennemis separent les
Meres de leurs enfans. Paula faisoit cette diuision
par vn principe de Piete; & vne moitié d'elle mesme
abandonnoit l'autre, par vne renonciation volon-
taire & absoluë. Sa foy surmontoit les droits de nature; elle ne s'ennuyoit pas de souffrir ces peines, veu
que son cœur en desiroit dauantage : elle preferoit les
interests de Dieu son Pere, à tous ceux de ses enfans;
& ne sembloit aymer qu'Eustochium, pour ce qu'elle estoit compagne de son dessein, comme de son
pelerinage. Cependant le vaisseau s'auançoit bien
loin en Mer : Ceux qui nauigeoient auec elle regardoient le port du milieu des eaux, elle seule regardoit
d'vn autre costé, pour ne pas voir ce qu'elle n'eust
sceu apperceuoir qu'à regret. Vn libertin l'appelleroit cruelle, pour moy i'estime qu'aucune Mere n'a
tant aymé ses enfans, que Paula; veu qu'elle leur
donna tous ses biens deuant que de partir, & s'exhe-
reda, pour ainsi dire, sur la terre, afin de trouuer vn
heritage dans le Ciel.

XIV.   La suite du chemin & sa deuotion parti-

R

culiere la porta vers l'Isle Ponce, celebre par l'exil de
saincte Flauia Domitilla, qui ayma mieux viure dans
la solitude, que non pas estre Maistresse de l'Em-
pereur, & prefera vne Cellule à tous les Palais de Rome. Vous eussiez veu vne saincte Dame qui prenoit
plaisir à se souuenir de l'autre, & qui par le desir qu'elle auoit de l'imiter, souffroit vn nouueau martyre
dans la paix du Christianisme. Mais Paula, qui vouloit bien tost descouurir la terre où Dieu s'estoit rendu visible, ne pouuoit pas s'arrester long temps en
des lieux où il n'y auoit eu que des creatures, & les ve-
stiges d'vne seruante de IESVS-CHRIST, ne luy
estoient rien en comparaison de celles du Maistre.
Quoy qu'elle fust en voyage, elle parcouroit desia
tout Ierusalem, portée sur les aisles de la Foy, & sui-
uãt les mouuemens de l'amour. Elle trouuoit que les
vents n'auoient pas assez de legereté ; & à son aduis,
la vitesse mesme estoit paresseuse. Enfin aprez auoir
passé sans danger ces destroits, qui ne sont fameux
que par les naufrages qui s'y font, & vogué sur la
Mer Adriatique, comme sur vn estang bien vny :
aprez auoir fait voir à Rhodes vn Soleil, qu'on n'y
auoit iamais plus veu, ny en beau ny en mauuais
temps, elle vint mouïller à Cypre, pour produire vn
vray miroir de pudicité, où l'infame Venus auoit esté
iadis adorée. Ce fut là, que se iettant aux pieds du
grand Epiphane, elle fut retenuë durant dix iours,

non pas tant pour se refaire de la marine, que pour
auancer l'ouurage de Dieu. L'experience rendit cette coniecture toute euidente : car visitant les Mona-
steres du Pays, elle fist des legs pieux aux Religieux,
que ce grand personnage y auoit appellez de tous les
endroits du monde, pour sanctifier vne terre qui
auoit esté si long temps & si honteusement propha-
née des Gentils.

XV.   De Cypre Paula fit voile vers Seleucie,
plus fameuse par le nom de S. Basile, l'vn de ses Prelats, que par le renom de son fondateur ; en suitte elle tira vers Antioche, où ayant seiourné quelque
temps, pour iouyr de la conuersation de sainct Paulin, elle en partit au plus fort de l'hyuer, l'ardeur de
sa foy ne luy permettant pas de se reposer. On vit
alors vne femme qui se faisoit porter autrefois sur les
bras de quantité d'Estafiers, qui pour imiter son Seigneur, voyageoit sur vne asnesse : Ie ne nommeray
point icy tous les lieux où elle a passé, pour ce que
i'ayme mieux parler de sa conuersation, que de son
pelerinage ; & que ie fais plûtost l'eloge, que le iournal de sa vie. Ie diray seulement qu'estant arriuée à
Sarepta, elle entra dans la petite tour d'Helie, &
qu'ayant passé par les sables de Tyr, où sainct Paul
s'agenouilla autrefois, aprez de longues courses, elle entra dans la terre qu'on appelle de Philistim, &
qui ayant esté iadis contraire au peuple de Dieu, estoit

maintenant fauorable aux fideles du Chriſtianiſme. Elle vit en ſuite la ville de Nobé, autrefois le ſeiour des Preſtres, & puis leur tombeau. Elle paſſa par Ioppé, où Ionas trouua le port parmy ſon naufrage ; & vis à vis de laquelle les Poëtes feignent qu'Andromede eſtoit attachée, quand elle captiua le cœur du Caualier qui la deliura. Son deſſein la mena à Nicopolis, où noſtre Seigneur chágea la maiſon de Cleophas en Egliſe, aprez s'eſtre fait connoiſtre apres ſa mort en briſant le Pain de vie. Enfin ayant veu le lieu où le vainqueur des Gabaonites donna ordre au Soleil de s'arreſter, pour ne pas interrompre le cours de ſa proſperité, elle s'approcha de Hieruſalem, pour adorer Dieu où il s'eſtoit rendu paſſible.

XVI. Le Goúerneur du pays ayant ſceu ſon arriuée, la fiſt receuoir hors la ville par ſes Officiers, & luy fiſt preparer vn apartemét dans ſon Palais, cognoiſſant bien la maiſon d'où elle partoit, & eſtant bien informé de ſa nobleſſe, comme de ſa ſainĉteté : mais elle ayma mieux ſe renfermer dans vne Cellule, que d'eſtre receüe dans des chambres magnifiques. Elle ne venoit pas voir IESVS-CHRIST dans la pauureté, pour viure encore dans les richeſſes. Qui pourroit exprimer cependant la feruer dont elle viſitoit les lieux Saincts ? Vous euſſiez dit qu'elle voyoit tous les myſteres que la foy luy repreſentoit, & qu'elle n'adoroit pas ſeulement les traces, mais encore la

perſonne de IESVS-CHRIST. Quand elle eſtoit
en vn endroit, elle s'y attachoit tellement de cœur,
qu'on euſt iuré qu'elle n'euſt ſceu paſſer à vn autre.
D'ailleurs elle alloit auſſi librement de tous coſtez,
comme ſi elle n'euſt eu aucune attache particuliere.
Sur le Caluaire, elle déploroit la mort du Sauueur
auec noſtre Dame : elle le cherchoit dans le Sepul-
chre auecque la Magdelaine. Elle montoit en eſprit
auec luy dans le Ciel ſur la montagne des Oliues.
Mais en ſuite prenant le chemin de Bethléem, elle
ſembloit accompagner la ſaincte Vierge en ſon
voyage : Elle adoroit le Verbe fait chair dans vne
eſtable, par l'enfantement d'vne mere Vierge. Elle
la ſuiuoit dans le Temple, mais non pas dans l'Egypte, que par deſir ; De la creche elle paſſa au lieu où
les Paſteurs quitterent leurs brebis, pour venir voir
l'Agneau du Ciel couché entre deux animaux, &
dont la toiſon eſtoit toute blanche par l'effect de la
roſée, que le Ciel fiſt deſcendre dans vne ſechereſſe
vniuerſelle de la terre. Enfin à voir ſes voyages, vous
la prendriez plutoſt pour vn Ange, que pour vn
corps materiel, vny à vne ame ſpirituelle : On pourroit adiouſter icy l'accueil qu'elle receut des bons Religieux de la Terre ſaincte, & les biens qu'elle leur
fiſt : Elle croyoit voir IESVS-CHRIST dans tous
les ſaincts perſonnages, & ne penſoit pas tant marcher ſur la terre, que dans le Ciel.

R   iij

XVII. Mais il vaut mieux parler de sa vertu, que de son voyage: car le chemin qu'on fait dans la carriere de la saincteté est beaucoup plus à priser, que le seiour des saincts lieux. Ie proteste en eantmoins deuant Dieu & les hommes, que ie n'adiousteray rien à la verité des choses, comme ceux qui releuent la bassesse mesme, par la grandeur de leurs Eloges. Au contraire, ie passeray sous silence des poincts dont ie deurois parler, pour faire mieux croire ce que ie diray, en ne disant pas tout ce que ie pourrois dire : mes calomniateurs n'auront rien à mordre sur mon discours, quand ils me verront plus retenu à loüer, qu'ils ne le sont à blasmer les autres. L'humilité est la premiere vertu des Chrestiens : c'est pourquoy Paula en faisoit vn si grand estat, comme il paroissoit dans ses actions, que ceux qui ne l'auoient iamais veüe ne l'eussent pas prise pour ce qu'elle estoit, mais pour la moindre de ses seruantes. Quoy qu'elle fust tousiours enuironnée d'vne belle trouppe de vierges, elle sembloit la plus petite de toutes, en ses habits, en son parler, en son maintien & en sa desmarche. Depuis la mort de son mary iusques au iour qu'elle deceda, elle ne mangea iamais en compagnie d'aucun homme, pour sainct & familier qu'il peust estre; afin de ne pas tomber en dáger où il y en auoit. elle fuyoit mesme les occasions, où il n'y en auoit point. Pour les bains, elle ne s'en seruit iamais, qu'en quelque ex-

tremité de maladie, & sçachant bien que le corps
n'est que boüe & que pourriture, elle ne se mettoit
pas en peine de le lauer. Elle fuyoit la mollesse des
draps, mesme dans les ardeurs de sa fieure, & n'a-
uoit pour lict que la terre, ny pour couuerture que
des cilices : elle auoit tousiours vescu comme celles
qui n'ont point besoin de penitence, & faisoit penitence, comme celles qui ont tousiours mal vescu.

XVIII.   Elle ne prenoit de repos que dans la
peine, & ne s'endormoit que parmy les veilles ; son
oraison faisoit croire, que sa vie n'estoit qu'vn iour
continuel, ou vne nuict perpetuelle : elle arrosoit son
lict d'vne fontaine de larmes, & pleuroit si amere-
ment les petites fautes, qu'à voir de si grands regrets
vous l'eussiez iugée coulpable des plus grands crimes.
Et comme ie l'aduertissois d'espargner vn peu ses
yeux, & de les conseruer pour la lecture des saincts
Liures, si elle les vouloit perdre, pour ne plus voir
les pompes du monde, elle me respondoit auec autant de constance que de douceur : *Il faut défigurer vn*
visage, que i'ay autrefois embelly contre la volonté de
Dieu, & que les impressions du fard que i'y appliquois ia-
dis soient effacées par la sincerité de mes larmes. Il faut
tourmenter vn corps qui a iouy de quantité de plaisirs, &
punir vn rire dissolu, par des pleurs continuelles : l'austerité
presente doit corriger ma delicatesse passee. Que le cilice
matte vne chair, qui autrefois trouuoit la soye encore trop

rude: I'ay tafché de plaire au monde & à mon mary, ie veux maintenant n'agreer qu'à I E S V S-C H R I S T.

X I X. Si i'entreprends de loüer à prefent fa pudicité, on croira que ie ne dis rié de nouueau, veu que mefme eftant dans le fiecle, elle a paffé pour vn parfait exemplaire de chafteté, & que la mefdifance qui ne refpecte non plus la fainéteté, que le vice, n'a iamais peu inuenter que des Eloges pour elle. Tant s'en faut que Paula ait failly, qu'elle n'a iamais efté foupçonnée de pouuoir faillir, en ce qui regarde l'honeur des Dames. Au refte, cóme il n'y auoit rien de fi doux que fon humeur, il n'y auoit rié de plus infléxible que fa conftáce: elle eftoit affable aux petits, mais elle n'auoit point de cómerce auec les gráds : fon efprit eftoit pourtát fi difcret, qu'elle ne mefprifoit pas mefme les orgueilleux, par vn defdain qui les offéçaft. Elle hayffoit leurs imperfections, mais elle aymoit leurs perfonnes : fi elle rencontroit vn pauure, elle le nourriffoit; fi vn homme riche, elle l'exhortóit à faire du bien, & à donner peu de chofe fur la terre, pour poffeder tout le Ciel. Ses autres bonnes qualitez, eftoient dans la mediocrité neceffaire à la vertu. Il n'y auoit que fa liberalité qui fuft exceffiue : elle faifoit banqueroute, pour ainfi dire, afin de ne refufer pas vn de ceux qui luy demandoient l'aumofne ; & d'autre part vous l'euffiez prife pour vfuriere, voyant auec quel foin elle amaffoit dequoy leur donner.

X X. Il

XX. Il faut que i'auoüe ma foiblesse , en publiant sa vertu. Comme ie voyois ses profusions, ie
blasmois sa facilité magnifique , luy disant par les
paroles de l'Apostre , qu'il ne faut pas nous mettre en peine pour trop soulager autruy : que nostre abondance doit ayder la pauureté du prochain,
mais qu'aussi l'abondance des biens qu'il reçoit de
nous , doit empescher nostre disette : I'adioustois
suiuant les maximes de IESVS-CHRIST, que celuy qui a deux tuniques, n'est obligé que d'en donner vne à celuy qui n'en a pas : qu'enfin elle deuoit
prendre garde à pouuoir faire tousiours ce qu'elle
faisoit si volontiers. Elle me respondoit auec vne
modestie égale à sa magnificence, qu'elle ne croyoit
pas mal faire , faisant tout pour l'amour de Dieu , &
qu'elle n'auoit qu'vn desir au monde, qui estoit de
mourir si pauure, qu'elle ne peust pas laisser vn escu
à sa fille, & qu'elle fust enseuelie dans vn liceul qu'on
luy donneroit par aumosne. Aprez elle raisonnoit
de la sorte ; si la necessité m'oblige à demander quelque chose, ie trouueray plus de personnes qui me
donneront, que d'autres n'en trouuent qui les refusent : mais si ce pauure vient à mourir pour n'auoir
rien receu de moy, qui peux disposer mesme du bien
des autres, n'est-il pas vray qu'il me faudra rendre
conte de sa mort, comme de mes possessions ? Ie
voulois qu'elle fust vn peu plus auisée dans le mesna-

S

ge, mais elle auoit vne foy trop ardente, pour s'arrester aux choses du monde, auec trop de circonspection. Elle quittoit tout, pour ne s'vnir qu'à
nostre Seigneur. Elle suiuoit dans la pauureté,
l'heritier du Pere Eternel, qui auoit voulu estre le
plus pauure de tous les hommes, & taschoit de luy
rendre par gratitude, ce qu'elle en auoit receu par
grace. Enfin elle eut l'effet de tous ses desirs, ayant
laissé sa fille si endebtée, qu'elle n'esperoit pas de
se pouuoir acquiter iamais à l'endroit de ses crean-
ciers, si elle n'auoit pour caution celuy qui possede
tous les thresors de Dieu mesme.

XXI. Quelques Dames ont accoustumé de
faire du bien à ceux qui leur font des panegyriques,
& vsant de profusion enuers quelques vns, elles ne
donnent rien aux autres. Paula se comportoit tout
autrement, car elle donnoit à chacun ce qui luy
estoit necessaire, & luy retranchoit toutes les superfluitez. Iamais pas vn pauure ne s'en est retour-
né de sa presence, sans emporter de ses largesses.
Or cela ne venoit pas de la grandeur de ses richesses, mais de l'addresse qu'elle auoit à en faire pru-
demment la distribution. Aussi auoit-elle tous-
jours ces veritez au cœur & à la bouche, que ceux
qui font misericorde en cette vie, en experimente-
ront des effects en l'autre: qu'ainsi que l'eau esteint
le feu, l'aumosne esteint le peché: qu'il se faut faire

des amis de l'iniquité de Mammon , & les loger
volontiers chez nous , afin qu'ils nous reçoiuent
vn iour dans les tabernacles de l'Eternité. Qu'il ne
faut que donner l'aumofne pour auoir toutes chofes nettes : que Nabuchodonofor fut confeillé
d'appaifer Dieu, en faifant des prefens à fes creatures. Elle ne mettoit point fon argent à faire des
baftimens de ces pierres, qui s'en iront en cendre
auecque toute la terre, mais de ces pierres viuan-
tes qu'on roulle fur la terre, pour en baftir là haut la
cité du grand Roy, & qui n'eftant icy que pouffie-
re , fe doiuent changer là haut , en Iafpe, en Sa-
phyrs & en Emeraudes.

XXII. Mais ces auantages là, quoy que bien
particuliers , luy peuuent eftre communs auec
beaucoup d'autres perfonnes , & ce font plutoft
des degrez pour monter au faifte de la perfection,
que la perfection mefme. Le Diable recognoift
que ceux qui donnent leurs biens, ne donneroient
pas toufiours volontiers leur vie, & qu'il n'eft pas
fi difficile de fe defpouïller de toutes chofes, que de
foy-mefme. Nous fçauons que plufieurs ont donné l'aumofne , mais qu'ils n'ont rien donné de
leurs corps ny de leurs paffions. Ils ont tendu la
main aux pauures, & ont efté vaincus des voluptez de la chair. Ils ont blanchy le dehors, & laiffé le
dedans comme vne maifon de mort & vn feiour

de tenébres. Noftre Sainte ayant des maximes contraires, auoit auffi d'autres qualitez : fa continence eftoit fi extraordinaire, qu'elle fembloit outrepaffer les bornes de la raifon. Tant s'en faut qu'elle flataft fon corps, que mefme elle l'affommoit à force de ieufnes & de trauail. Elle ne prenoït de l'huile dans fes repas, que les iours de fefte, d'où nous pouuons iuger ce qu'elle faifoit du vin, du laict, du poiffon, des œufs, & des autres chofes qui n'eftoient reiettrées d'elle, que pour ce qu'elles eftoient de bon gouft. Cependant il y a des perfonnes qui fe croyent fort fobres à n'vfer que de ces mets, & qui s'imaginent que leur chafteté eft bien affeurée, quand elles s'en font bien faoullées.

XXIII. Les grandes vertus ne font iamais fans enuie. La foudre frappe plutoft les hautes montaignes, que les collines, & tombe auec plus d'effort fur ce qui fait plus de refiftance. Et certes il ne faut pas s'eftonner fi les hommes du commun font toufiours perfecutez, veu que noftre Seigneur mefme a efté crucifié par la ialoufie des Pharifiens, & qu'il n'y a point eu de Sainéts qui n'ayent eu des aduerfaires. Dans le Paradis mefme il s'eft trouué vn ferpent, dont l'enuie a fait entrer la mort dans vn feiour d'immortalité. Dieu fufcita donc vn autre Adab Iduméen à fainte Paula pour la tenir dans l'humilité, mefme dans

ſa plus haute eleuation. Il la vouloit auertir qu'il
ne ſe faut iamais aſſeurer de ſa vertu, tant qu'on
eſt en vn pays, où le vice regne indifferemment
auecque la ſanctete, & où la femme la plus forte
ſemble eſtre touſiours vn peu foible. Ie luy diſois
qu'il falloit vn peu ceder au temps, auſſi bien qu'à
la folie des meſdiſans : que ceux qui parlent mal
des autres, ſe diffament plus qu'ils ne les offencent,
& qu'ils ne font que cracher contre le Ciel, en
décriant ceux qui y conuerſent touſiours. Ie luy
rapportois l'exemple de Iacob, & de Dauid, dont
l'vn s'enfuit en Meſopotamie, pour euiter la perſecution de ſon frere, & l'autre ayma mieux ſe mettre entre les mains des Allophylles ſes ennemis,
que de ſe mettre à la diſcretion de ſes enuieux.
Elle me repartoit que i'aurois raiſon, ſi le Diable
ne combattoit pas en tous lieux contre les ſeruantes de IESVS-CHRIST, & s'il n'alloit pas deuant elles par tout où elles ſe peuuent refugier.
Qu'elle ne ſe ſoucieroit pas de la perſecution preſente, ſi à l'auenir elle eſperoit quelque trefue, &
qu'elle peuſt trouuer ſon cher Bethleem en quelque autre climat du monde; car pour le reſte, elle
eſtoit bien aiſe de vaincre l'enuie par ſa patience,
& la ſuperbe, par vne tres-profonde humilité.
Qu'elle ſçauoit bien qu'à celuy qui nous frappoit
vne iouë, il falloit preſenter l'autre, & vaincre le

mal par le bien, comme fainct Paul nous l'en-
feigne par precepte & par pratique : qu'ainfi les
Apoftres fe glorifioient d'auoir eu le bon-heur de
fouffrir quelque ignominie pour la querelle de IE-
SVS-CHRIST. Que le Seigneur de tout le monde s'eftoit humilié, en prenant la forme de feruiteur, & qu'il auoit enduré la mort, afin de nous
donner la vie. Que fi Iob n'euft vaincu Satan, il
n'euft pas receu la Couronne de Iuftice. Que l'E-
uangile declare fpecialement bien-heureux ceux
qui fouffrent perfecution : que la confcience n'eft
iamais plus fatisfaicte, que quand elle nous tef-
moigne que nous n'endurons pas tant pour la punition de nos pechez, que pour l'efpreuue de noftre vertu. Qu'enfin les afflictions du fiecle font la
matiere la plus prochaine des recompenfes & des
contentemens de l'Eternité.

XXIV. Quand fon ennemy paffoit de la
hayne interieure qu'il luy portoit aux paroles iniu-
rieufes, elle difoit auec le Prophete Roy, qu'elle
ne fçauoit point refpondre au pecheur, non plus
que s'entretenir auec luy ; qu'elle n'auoit point
d'oreilles, ny pour entendre fes loüanges, ny pour
ouyr les iniures qu'on luy difoit. Que fi l'autre
auoit vne langue pour la maudire, elle n'en auoit
que pour le benir, & le remercier du plaifir qu'il
luy faifoit, en luy donnant fuiet d'exercer vne

generofité veritablement Chreftienne. Elle fe reprefentoit dans les tentations , ce qui eft couché
dans le Deuteronome, que Dieu veut voir quelque fois fi nous l'aymons de tout noftre cœur, en
faifant femblant de s'entendre auecque nos ennemis. Qu'il fe comporte comme vne mere, qui ne
laiffe pas d'aymer fon enfant, quoy qu'elle le fe-
ure de fa mammelle. Que c'eft la tribulation qui
fortifie l'efperance ; & qu'vne femme n'a point de
moyen de fe rendre femblable aux hommes, qu'en
endurant auffi genereufement qu'eux toutes les
trauerfes qui luy arriuent. Enfin elle n'ignoroit
pas que l'affliction produit la patience en l'efprou-
uant, & que la patience caufe l'efpreuue ; l'efpreuue engendre l'efperance ; or l'efperance ne nous
laiffe iamais dans la confufion , quoy qu'elle nous
laiffe quelquefois dans l'inquietude. Que fi l'homme qui paroift au dehors, vient à fe corrompre,
celuy qui eft au dedans fe renouuelle, & vne legere tribulation, quoy qu'elle paffe en vn moment,
opere en nous vn poids eternel de gloire. Mais
pour iouyr de l'effet des promeffes de Dieu, il ne
nous faut pas regarder que ce qui fe voit, mais ce
qui ne fe voit point ; Car ce qui paroift, paffe en
vn clin d'œil, mais ce qui eft inuifible ne perd iamais fa durée. Au refte Dieu ne tardera pas à nous
fecourir ; quoy que l'impatience des hommes trou-

ue fon fecours vn peu trop lent. Il nous affifte quelquefois d'autant plus efficacement, qu'il fait moins
femblant de nous affifter. Deuons-nous craindre
le langage des hommes, la parole de Dieu faifant
noftre apologie? ou apprehendons-nous plus le
iugement des hommes, que la fentence de IE-
SVS-CHRIST? Les mefchans periffent eux-mefmes, en s'efforçant de nous perdre : & il n'y a point
de meilleur moyen de conferuer noftre ame à fon
aife, que de la poffeder par vne inuincible patience. L'infirmité ne nous affoiblit pas, à la bien-pren-
dre, mais elle nous fortifie. Et puis fi nous endurons pour noftre Seigneur, nous fommes confo-
lez en luy; & ceux qui ont part à fa Croix, en auront à fa Couronne.

XXV.   Quand elle fe trouuoit accablée de tri-
fteffe, elle fe confoloit en raifonnant ainfi : *Quoy*
faut-il qu'efperant en Dieu, ie me voye defefperée? ne
faut-il pas perdre fa vie pour la fauuer? & renoncer à fon
ame, pour la trouuer en meilleur eftat? Dans la perte de
fes biens, elle fe reprefentoit, qu'il ne fert de rien
de conquerir tout le monde, fi l'on perd le Paradis. Que puis qu'on entre dans la vie dans vn parfait denüement, on ne fe doit pas foucier d'en
fortir dans vn mefme eftat. Dieu qui nous a fait des
faueurs, nous les peut refufer quand il u y plaift.
Le monde paffant comme vn ombre, c'eft vne
folie

folie de s’y attacher, comme s’il auoit de la folidité. Vn iour qu’on luy porta les nouuelles d’vne maladie de fon fils Toxotius, qui luy eftoit extremement cher, elle fe confola d’abord en fon affliction, en fe refouuenant qu’vne perfonne qui ayme plus fes enfans que Iesvs-Christ, eft indigne d’vn tel Efpoux. En fuitte elle pria Dieu d’o-
fter la vie à fon fils, fi la mortification de la mere
luy eftoit plus agreable, que non pas fon foulagement. Ie cognois vn difcoureur extrauagant qui
luy dit vn iour par vn principe de bien-veillance
apparente, qu’elle deuoit moderer fa ferueur extraordinaire, puis que fes vertus la faifoient paffer
pour folle. Elle luy refpondit froidement, qu’elle
aymoit mieux feruir de fpectacle à Dieu, qu’à tous
les hommes du monde, & que la prudence du fiecle n’eftoit que folie aux yeux du Ciel; qu’on auoit
appellé Iesvs-Christ Samaritain, & creu
qu’il eftoit poffedé du Diable, mais qu’il ne laif-
foit pas d’eftre le vray Sauueur, & le Seigneur de
l’Empyrée : qu’aprez tout la hayne des hommes
nous doit eftre indifferente, quand il s’agit de gaigner les bonnes graces de Dieu. C’eft ainfi que
fe muniffant toufiours d’vne armure furnaturelle,
elle fe mocquoit de toutes les attaques de la nature, & furmontoit l’enuie de fes ennemis par vne
infenfibilité genereufe. Elle ne manqua neant-

T

moins iamais de perfecutions, non plus que de patience ; mais fur le tout elle fut tourmentée par le
faux zele de quelques vns, qui neantmoins n'affligeoit que les fuiets qui le fomentoient dans eux-
mefmes, & agiffoit contre eux, au lieu d'incom-
moder celle qu'ils affailloient. Les enuieux ne font
iamais mieux punis que par l'enuie.

XXVI.   Apres auoir parlé de l'inuincible patience de Paula, difons vn mot de fa liberalité magnifique. Elle baftit quantité de Monafteres à fes
defpens, pour loger des Anges vifibles parmy les
hommes. Elle y contribuoit des biens de la terre,
pour emporter toutes les poffeffions du Ciel ; &
changeoit des richeffes periffables, auec de threfors qui deuoient toufiours durer. Il n'eft pas neceffaire de parler de l'ordre qu'elle obferuoit en fes
edifices, & comme feparant les perfonnes Reli-
gieufes par diuers appartements, elle les affembloit
toutes pour loüer Dieu. Elles fembloiét viure fur la
terre de la mefme viande, dont on fe nourrit dans
le Paradis , & eftoient toufiours occupées, ou à
l'oraifon, ou à vn trauail honnefte. Elles s'y portoient plus par exemple que par rigueur, & agif-
foient moins par contrainte, que par vne volonté
abandonnée à celle de noftre Seigneur. Elles chan-
toient l'Office auecque tant de ferueur , qu'elles
fembloiét affifter à la Mufique de ces Efprits bien-

heureux qui chantent autour de l'Agneau les loüanges de l'Agneau mefme. Quoy qu'il y euft dans cette affemblée des filles de haute extraction, il ne leur eftoit pas permis d'auoir des fuiuantes de leur maifon, de peur qu'elles les fiffent fouuenir des deffauts de leur enfance dans la perfection de leur ieuneffe. Comme elles n'auoient qu'vn mefme cœur, elles n'auoient qu'vne mefme mode d'habits. Elles ne fe feruoient point de linge, que pour effuyer les mains, & pour tenir l'efprit dans fa force elles oftoient à leurs corps tous les fuiets de delicateffe. Au refte, pour ne donner aucune occafion de parler à la mefdifance, qui blafme toufiours les Saincts, pour faire pecher les propha-nes auec plus d'impunité, elles ne conuerfoient pas mefme familierement auec ceux qui ne pou-uoient pas eftre fufpects, ny d'impureté, ny de malice.

XXVII. Ce bel ordre general eftoit vn ef-fect des foins particuliers de Paula, qui ne don-noit pas moins de preuues de fa prudence, que de fa pieté finguliere. Elle auoit tant d'adreffe à gai-gner les cœurs, qu'elle fembloit careffer en re-prenant, & reprendre en careffant. Elle condui-foit par douceur, celles qui eftoient d'vne humeur colere, & agiffoit efficacement fur les naturels qui fembloient tenir de la lafcheté. Comme el-

le ne laiſſoit point manquer les choſes neceſſaires aux perſonnes qu'elle gouuernoit, elle ne leur
en donnoit point de ſuperfluës. Elle ſçauoit bien,
que qui veut vn peu trop, veut auoir beaucoup:
Que l'auarice peut meſme ſe couler dans la pauureté, & que ce vice eſt d'vne nature qui ne ſe raſ-
ſaſie point, par ce qu'elle engloutit, qui deſire
touſiours plus de choſes qu'elle n'en poſſede en effect, & ne ſe contente iamais, ny de l'abondance,
ny de la diſette. Si quelquefois il arriuoit quelque
brouïllerie entre deux perſonnes, qui miſt de la
diuiſion dans des cœurs qui ne faiſoient qu'vn
meſme party, elle les accordoit incontinent par
des propos amiables, & leur different paſſoit prefque auſſi toſt qu'elle l'auoit reconneu. Elle redou-
bloit le ieuſne à celles qui reſſentoient les aiguillons de la chair, aymant mieux que l'eſtomach
leur fiſt mal, que non pas que leur ame fuſt malade. Si elle en voyoit quelqu'vne qui euſt trop de
ſoin de s'aiuſter, & qui par profeſſion ne deuant
plaire qu'au Createur, ſemblât encore vouloir
plaire aux creatures, elle la reprenoit tacitement,
par la ſeuerité de ſon viſage, & dans ſon indigna-
tion, luy faiſoit lire ſa faute. Elle adiouſtoit de
viue voix, qu'vn ſoin exceſſif de la propreté du
corps, eſtoit vne marque de la negligence & de
l'impureté d'vne ame, & qu'il ne falloit pas ſeule-

ment qu'vne Vierge ne dist aucune parole qui sem-
blast trahir son vœu auecque sa conscience, mais
encore qu'on deuoit monstrer au dehors, ce qu'on
estoit au dedans, & que les vices cachez estoient
d'ordinaire visibles dans l'apparence.

XXVIII. Si parfois il s'en trouuoit de babil-
lardes ou de querelleuses, qui semblassent empirer
par la correction, elle les sequestroit de la compagnie des autres ; afin que la honte les releuast plus
viuement, que n'auoit fait la reprimende. Elle hayf-
soit le larcin comme vn sacrilege, & souloit dire, que
ce qui semble leger ou peu considerable dans les personnes du siecle, est quelquefois vn grand cas de
conscience, dans les personnes Religieuses. Que diray-ie de sa compassion charitable enuers les malades, qui se voyant si bien traittez, sembloient se
plaire en leur malheur : elle leur fournissoit de tout,
au lieu que quand elle estoit malade, elle se refusoit
toutes choses : & n'ayant que de l'indulgence pour
autruy, elle n'auoit que de la seuerité pour soy-
mesme. Elle gardoit vne plus estroitte abstinence
dans sa vieillesse, que les autres dans la vigueur de
leurs ieunes ans, & la force de son esprit en sembloit
donner à la foiblesse de son corps. Elle n'auoit pas
seulemét de l'amour pour l'austerité, mais encore elle
estoit vn peu opiniastre à la prattiquer· & ne reiettoit
iamais les aduis d'autruy, que quand ils luy parloient

de moderer les rigueurs qu'elle exerçoit contre elle-
mefme. Vn iour qu'eftant releuée de maladie, les
Medecins luy ordonnerent de prendre vn peu de
vin, pour euiter la recheute & empefcher l'hydropi-
fie, ie fus prier fainct Epiphane, de l'y porter, ou
plutoft de l'y contraindre par fon authorité Pontifi-
cale. Et comme aprez qu'il fut forty ie luy demanday
ce qu'il auoit operé fur l'efprit de cette femme; il me
dit, qu'au lieu de la deftourner de fa premiere refo-
lution, il auoit quafi efté perfuadé luy-mefme de ne
plus boire de vin dans la caducité de fon âge, & que
l'aufterité de cette femme accufoit hautement la delicateffe des hommes. Or ie ne rapporte pas cecy
pour loüer l'indifcretion que l'Efcriture mefme condamne, mais pour faire voir l'ardeur de cette belle
ame, qui n'auoit de foif qu'apres Dieu. Il eft bien
difficile de garder la iufteffe conuenable en toutes
chofes : La mediocrité fait la vertu, ainfi que parlent
les Philofophes, comme le vice ne confifte que dans
l'excez : nous exprimons cette grande verité en deux
petits mots, difant, qu'il ne faut rien faire de
trop.

XXIX. Mais fi Paula fembloit eftre rude enuers foy-mefme, elle eftoit debonnaire enuers les
autres, & ne fe fouciant pas de viure, elle reffentoit
fort viuement la mort de fes proches, principalement
de fes enfans. Elle faillit à mourir, quand fon mary

& ses filles decederent. Elle taschoit bien d'appaiser
sa douleur, par la contemplation de la Croix de
IESVS-CHRIST, & de se monstrer fidele seruante
de Dieu, en s'oubliant d'estre mere: mais enfin l'affection l'emportoit sur son courage; & les entrailles
de la nature combattoient la cruauté de son ame;
Ou bien nous pouuons dire qu'elle vainquoit en esprit, & se laissoit neantmoins vaincre à la foiblesse
du corps dans ces afflictions. Elle ne commençoit
point d'estre malade, que pour l'estre bien long-
temps, & ne finir ces langueurs, qu'auec la vie: les
maux sembloient se plaire à regner tousiours dans
cette eschole de patience: Cependant en luy cau-
sant de la douleur, ils nous causoient beaucoup d'inquietudes; nous auions peur de la perdre, mais elle n'auoit point peur de mourir. Elle souhaittoit
auec sainct Paul, d'estre déliurée de la mort du corps,
pour iouyr de la vie de l'ame.

XXX.   Le Lecteur s'estonnera sans doute, de
ce que ie mesle quelques defauts parmy les vertus de
Paula, & que ie fais ensemble sa Censure, & son
Eloge. Mais Dieu, qu'elle a seruy & que ie pretends
seruir, me sera fidele tesmoin que ie n'inuente rien
d'vn costé ny d'autre, qu'en qualité de Chrestien
ie dis la verité en parlant d'vne Chrestienne; & que
i'escris vne Histoire, & non pas vn panegyrique. Ie
puis neantmoins asseurer que ses fautes seroient les

vertus des autres , & que nous ne les appellons du
nom d'imperfection , que pour ce qu'elles nous ont
rauy deuant le temps, celle qui deuoit toufiours viure pour feruir d'exemple au monde. Mais elle eft
heureufe dans noftre infortune ; car ayant finy fa
courfe, elle iouyt maintenant d'vne couronne eternelle, & fuit l'Agneau dans fon Palais , aprez l'a-
uoir fuiuy dans l'eftable de Bethleem. Elle eft raf-
fafiée, pour ce qu'autres-fois elle a eu faim de la Iuftice. Que c'eft vn agreable changement, qui meta-
morphofe les maux en biens , & fait mieux goufter,
les vns par l'oppofition de l'amertume des autres?
Paula a pleuré, mais ç'a efté pour fe refiouyr toufiours : elle a quitté les cifternes du monde , pour
trouuer les fontaines du Sauueur. Elle a porté le cilice & la haire, pour porter la robe blanche deuant
l'efpoux : Dieu a rompu fon fac , pour la reueftir
d'vne pourpre d'allegreffe. Elle mangeoit la cendre
comme du pain, pour ne plus manger que le pain
des Anges : Elle deftrempoit fon breuuage de fes larmes, mais c'eftoit pour goufter les torrens de volupté, que la douceur de Dieu promet aux ames qu'il
ayme. Elle n'ignoroit pas que ceux qui font raffafiez
en ce monde, feront fameliques en l'autre, & qu'il
faut auoir foif en cette vie, pour n'en plus auoir dans
l'Eternité. Ceux qui font icy bas chargez d'oppro-
bres , feront là haut comblez d'vne gloire, dont ils
ne

ne pourroient supporter le poids, si Dieu mesme ne
fortifioit leurs puissances par vne ayde surnaturelle.

XXX. Si sa patience & sa charité ont esté si es-
clatantes, sa foy n'a pas esté moins lumineuse. Elle a
paru d'autant plus visiblement, que c'est le seul œil
qui nous fait regarder sur la terre tous les secrets du
Paradis. Elle fuyoit les heretiques comme des pestes,
& ne mettoit point de difference entre eux & les infideles. En effect ceux qui mesprisent Dieu aprez l'a-
uoir cogneu, ne sont pas moins coupables, que
ceux qui ne le veulent pas cognoistre. I'apporteray
icy vn exemple de son affection singuliere enuers
nostre Religion, qui fera voir ensemble sa prudence & son zele extraordinaire.   Vn Fourbe qui se
croyoit aussi habile, qu'il estoit ignorant au iugement des autres, vint vn iour à mon desceu luy proposer certaines questions aussi inutiles que dange-
reuses. Quel peche pouuoit auoir commis vn petit
enfant, pour estre possedé du Diable, comme il arriuoit quelquefois, & pour commencer son enfer dés
cette vie. En quel âge nous deuós ressusciter quelque
iour, si c'est au mesme que nous mourons, plusieurs
auront autant besoin de nourrice aprez la mort que
durant la vie: que si c'est en vne autre constitution
qu'on n'auoit pas auparauant, ce ne sera pas tant vne
resurrection, comme vne metamorphose, ou vne
transformation de Pythagore; S'il y aura diuersité de

V

sexe aprez cette vie, comme nous y en remaquons tant qu’elle dure. S’il y en a, qu’il faudra par consequent qu’il y ait des nopces & des generations successiues ; s’il n’y en a pas, que la diuersité des sexes estant ostée, ce ne seront plus les mesmes corps, qui reprendront l’existence, & que la matiere ne seruant que de charge à l’esprit, les corps seront purement spirituels. De ces propositions il vouloit recueillir que les ames raisonnables n’estoient pas venües dans les corps pour les informer, mais plutost pour y estre punies de quelques crimes qu’elles auoient autrefois commis ; & que suyuant la difference & la qualité inégale de leurs pechez, elles estoient mises dans des corps sains ou malades, & en des lieux où elles trouuoient de la pauureté ou des richesses. Mais qu’enfin ce que nous appellions vne partie de nous-mesmes, n’estoit proprement que leur prison & leur mort.

XXXII. Elle ouyt tous ces discours pour m’en faire le rapport, & souffrit assez long temps l’impudence de cet homme pour décrier ses erreurs. Comme i’en fus auerty, ie creus estre de mon deuoir de chastier ces *bestes de plume*, dont parle le Prophete Roy, qui n’escriuant qu’en faueur de l’iniquité, portent faux tesmoignage contre Dieu mesme, & ne semblent auoir de bouche, que pour cracher contre le Ciel. Ie fus donc trouuer cet Impo-

steur, à la sollicitation de celle qu'il croyoit seduire,
& respondis succinctement à ses instances, en luy faisant de briefues interrogations. Ie luy demanday
donc s'il croyoit la Resurrection des morts, ou s'il la
prenoit plutost pour vne fable, que pour vn article
de foy. M'ayant dit qu'il la croyoit, ie le pressay de
me dire, si les mesmes corps ressusciteroient, ou bien
d'autres composez. Il m'auoüa que ce seroient les
mesmes corps. Ie poursuiuis à m'informer, si nous
ressusciterions en mesme sexe, ou en vn autre tout
different, il commença à chanceler sur ce poinct, & à
se remuer de toutes parts, comme vne couleuure qui
escarte sa teste, de crainte que quelqu'vn la frappe.
Lors ie luy dy, que puis qu'il ne me pouuoit pas respondre, ie me satisferois à moy mesme, pour destruire sa malice & son ignorance, en faisant semblant de la seconder. I'auançay donc, que si la femme ne ressuscite pas comme femme, ny l'homme
comme homme, il n'y aura point de resurrection:
veu que chaque sexe a des membres, & que ce sont
les membres qui font les corps. Que s'il n'y a point
ny de sexe ny de membres, les corps ne sçauroient
ressusciter, veu qu'ils doiuent estre composez de sexe & de membres : que si les corps ne doiuent pas
ressusciter, il n'y aura point de resurrection des morts.

XXXIII. Pour ce que vous adioustez des
nopces; vous doutez d'vne chose, que la Verité mes-

me a determinée. I e s v s - C h r i s t dit, qu'aprés
la resurrection., il n'y aura point de femmes qui
soient espousées, ny d'hommes qui espousent des
femmes, pour ce qu'il veut estre lors l'vnique Epoux
de nos ames, & nous rendre semblables à la pureté
des Intelligences.   Or quand il dit que les hommes
ny les femmes ne se marieront point, il marque la
diuersité des sexes, quoy qu'il en oste l'alliance aprés
cette vie. En effect on ne dit pas ny du bois ny d'vne
pierre qu'ils ne se marieront point, mais seulement
de ces suiets, qui pouuant se marier, ne le feront
pourtant pas, par vne grace speciale de Dieu. Que si
vous me repliquez que cela estant, nous ne serons
pas semblables aux Anges, veu qu'il n'y a point d'in-
egalité de sexe entre eux, quoy qu'il y en ait d'espece.
Mais ie vous responds que Dieu ne nous promet pas
de nous donner la propre substance de ces Esprits,
mais seulement leur conuersation, & vne beatitude
aussi durable que la leur. C'est ainsi que mesme dés
cette vie, sainct Iean, tout homme qu'il estoit, fut
appellé l'Ange de Dieu. C'est ainsi que les autres
Saincts, & principalement les Vierges, ont tous-
jours passé pour de purs esprits, en vn lieu mesme
où leurs corps sembloient affaisser leurs ames. Lors
donc que Dieu nous promet de nous donner la res-
emblance des Anges, il ne veut pas changer nostre nature, mais plutost la perfectionner : autre-

ment, comment entendez-vous ce que l’Escriture dit, que sainct Thomas toucha les mains de nostre Seigneur, lors qu’il n’estoit plus subiet aux impressions des sens, & qu’il vit mesme vne playe au costé d’vn corps impaffible? Et sainct Pierre ne les vit-il pas debout sur la riue, & mangeant la moitié d’vn poisson, & vn peu d’vn gasteau de miel? Celuy qui estoit debout, auoit sans doute des pieds. Celuy qui monstroit son costé ouuert, auoit vn ventre ou vne poitrine, veu que ce font les patties qui vnissent les deux costez. Celuy qui parloit deuoit auoir vne langue, vn palais & des dents: car comme vn luth estant pincé resonne auec harmonie: ainsi l’air estant poussé contre les dents par la langue, se change en voix. Au reste, celuy qui auoit des mains, deuoit auoir necessairement des bras. Puis donc qu’il a eu tous ses membres, il faut qu’il ait eu tout le corps, & au mesme sexe qu’il l’auoit deuant que de mourir.

XXXIV. Que si vous m’obiectez encore, qu’à ce conte nous aurons besoin d’aliment apres la resurrection; que si IESVS-CHRIST a vn corps solide, comment est-il entré dans le Cenacle, les portes estant fermées, sans perdre sa quantité, ou destruire celle du lieu? Mais que ces difficultez ne vous empéchét pas de croire la resurrection, veu qu’elles font fort aisées à resoudre. Nostre Seigneur fist donner à manger à la fille de la Synagogue qu’il auoit ressu-

fcitée; & le Lazare fe trouua en vn feftin auec luy,
pour monftrer que ce n'eftoit pas là vn phantofme
qui paroiffoit, mais plutoft, qu'il eftoit veritablemét reffufcité. Que fi Iesvs-Christ auoit vn corps
d'air & tout fpirituel apréz fa refurrection , pour
ce qu'il entra en vn lieu les portes eftant fermées,
il faut donc dire, que deuant que de mourir, fon
corps auoit la mefme qualité, veu qu'il marçhoit
fur les eaux fans s'enfoncer , comme fur la terre
ferme. Il faut dire auffi, que faincl Pierre n'a efté
qu'vn pur efprit, veu qu'il a pareillement marché
fur les eaux. Mais perfuadons-nous que Dieu ne
laiffe faire aucune chofe contre l'ordre de la Nature, que pour faire monftre de fa puiffance, en ay-
dant la foibleffe des creatures. Et afin que vous ne
doutiez point, que dans la grandeur de ces miracles, il ne faut pas tant regarder le changement des
caufes fecondes, que la force de la premiere: S. Pierre qui marchoit par la foy fur les eaux, commença
de couler à fonds par le poids de fon infidelité. Enfin puis que noftre Seigneur nous a affeurez, que
tout glorieux qu'il eft, il a des pieds & des mains, &
que c'eft luy-mefme qui a paty, & qui ne peut plus
patir : qu'enfin vn efprit n'a point de chair ny d'os
comme luy; qui doutera qu'il n'ait des membres
materiels, finon celuy qui n'aura point ny de raifon ny de foy? Deuez-vous faire plus d'eftat des ref-

ueries des Stoïques, que des declarations de la verité, & preferez-vous le texte de Platon, à celuy de
l’Escriture?

XXXV.　Quant à la question que vous m’a-
uiez proposée de la possession des enfans, qui semblent estre plutost au Prince des tenebres, qu’ils
n’ont semblé voir le iour, & de l’âge où nous ressu-
sciterons tous, quoy que nous mourions en diuers
temps: Ie vous diray premierement, que puis que
les iugemens de Dieu sont de grands abysmes,
c’est à nous vne folie de les sonder. Sçachez que
les richesses de la Sagesse & de la Science de Dieu
sont inépuisables; & que, comme personne n’a
esté de son Conseil, personne ne peut sçauoir la
determination de ses iugemens. Mais pour dire
encore vn mot sur cette matiere, figurez-vous
que la diuersité des âges ne change aucunement la
verité des corps: autrement, puis qu’ils se chan-
gent tous les iours, ou par accroissement, ou par
diminution, nous ferions successiuement diuerses
personnes, si nous estions de nouueaux hommes,
quand nous auons de nouuelles années. Ie serois
autre en substance en ma vieillesse, que ie n’ay pas
esté en mon enfance. Or cela ne chocque pas seulement la Philosophie, mais encore le sens commun. Croyons donc plutost, suiuant la tradition
de l’Eglise, & le tesmoignage de l’Apostre, que

nous reſſuſciterons en l'âge d'vne conſtitution
parfaitement virile, auquel noſtre Seigneur eſt
reſſuſcité, & Adam fut produit à l'opinion meſme des Iuifs. C'eſt ainſi que ie fermay la bouche à
cet heretique, auec autant de honte pour l'erreur,
que de gloire pour la foy. Depuis ce temps là noſtre
Saincte le hayſſoit tellement, auec tous ceux de
ſa ſecte, qu'elle ne faiſoit point de difficulté de les
appeller publiquement les ennemis de noſtre Seigneur, auſſi bien que les ſéducteurs des hommes.
Or i'ay voulu rapporter cecy, non pas tant pour
refuter en peu de mots vne hereſie, à qui il faudroit reſpondre en pluſieurs volumes, que pour
monſtrer la foy de cette Dame, qui aymoit
mieux encourir l'inimitié perpetuelle des hommes, que d'eſtre bien auec eux, eſtant mal auec
que Dieu.

XXXVI. Mais finiſſons par ſes vertus, puis
que nous auons commencé par là : Elle eſtoit
doüée d'vn tres-excellent eſprit, mais extremement docile. Elle eſtoit auſſi tardiue à parler, que
prompte à ouyr les autres : elle ſçauoit par cœur la
ſaincte Eſcriture, & on pouuoit veritablement
nommer ſa memoire, la Bibliotheque de Dieu.
Elle aymoit bien l'hiſtoire des ſainctes Lettres,
qu'elle appelloit le fondement de la verité, neantmoins elle s'arreſtoit plus au ſens caché, qu'aux
euene-

euenemens, & employoit plutoft la lecture à l’e_
dification de fon ame, qu’à vne curiofité, mefme
fpirituelle. Elle m’obligea de luy expliquer auffi
bien qu’à fa fille , le vieux & le nouueau Tefta-
ment, & de leur enfeigner ce que i’auois appris
moy-mefme, non pas d’vne vaine prefomption,
car c’eft vn mauuais maiftre, mais des plus grands
perfonnages de l’Eglife. Ie le fis auecque foin, & de-
meuray rauy de voir la fubtilité de fon efprit iointe
à vne parfaite deference. I’adioufteray vne autre
chofe, qui femblera peut-eftre auffi difficile à croire, qu’elle a efté aifée à faire à la faincte dont
ie parle. Tout le monde fçait la peine qu’il y a à apprendre la langue Hebraique, & vous diriez que
comme elle nous a deueloppé la plufpart de nos
myfteres, elle eft deuenüe myfterieufe elle-mefme.
Pour moy i’auoüe, que de maieuneffe i’y ay employé beaucoup de temps, & que ie n’en fçay encore qu’vne partie. Ie n’en quitte iamais l’eftude,
afin que la connoiffance ne m’en abandonne
point. Paula l’apprit neantmoins dans la perfection, & à luy ouyr chanter les Pfeaumes, vous
l’euffiez plutoft prife pour vne Iudith, que pour
vne vefue de Rome.

X X X V I I.   Sa fille Euftochium imitant toutes les vertus de fa mere, égale auffi fon fçauoir.
Comme elle ne s’eft iamais efloignée de noftre

X

Saincte durant sa vie, elle suit ses traces apres sa mort. Tant que Paula a vescu, Eustochium a mis toutes ses richesses, & son heritage à luy plaire: elle met à present toute sa diligence à luy ressembler. Ie ne dois pas omettre icy la ioye qu'eut cette Dame, quand elle apprit que la petite Paula commençoit à chanter les loüanges de Dieu, mesme dés le berceau, & donnoit tous les presages qu'elle pouuoit desirer, d'vne vie semblable à celle de son ayeulle. C'est pourquoy cette grande Dame ne regrettoit sa patrie, que pour voir son fils, sa bru, & la niepce hors du siecle. Mais comme ses desirs estoient iustes, ils ont eu presque tous leur effect. Car sa niepce est des-ia promise à IESVS-CHRIST, & sa bru ayant fait vœu de continence perpetuelle, seconde par ses aumosnes & par sa foy, les œuures de sa belle mere, & tasche de representer à Rome, ce que l'autre a fait en Hierusalem. Vous diriez qu'il ne naist pas des filles dans la maison de Paula, mais des Sainctes acheuées.

XXXVIII. Mais que fais-tu, mon ame? pourquoy crains-tu de representer sa mort, veu que ce n'est qu'vn passage à la vie bien-heureuse? Ce discours est des-ia fort long, & neantmoins nous semblons n'en vouloir point voir la fin. Nous apprehendons d'y mettre la conclusion, comme si le trespas de Paula pouuoit estre differé, pource

que nous n'en parlons pas, & que nous aymerions
mieux faire son Eloge, que son oraison funebre.
Iusquesicy nous auions vogué à souhait, maintenant il faut couler sur vn escueil ; nous auions le
vent en pouppe, mais il nous faut souffrir vn naufrage necessaire. Nous perissons auecque Paula.
En effect, qui peut sans mourir de douleur, la voir
au lict de la mort? Elle tomba en vne griefue maladie, ou plustost elle trouua le moyen qu'elle recher-
choit pour nous quitter, afin de s'vnir plus estroit-
tement à Dieu. Le respect & la charité d'Eustochium enuers vne si bonne mere ayant tousiours
esté visibles, donnerent sur la fin des preuues plus
manifestes de leur ferueur. Cette fille estoit tousiours au cheuet d'vne si bonne mere, elle moderoit
sa chaleur, luy soustenoit la teste, luy donnoit à
manger, luy faisoit le lict, & preuenoit toutes les
seruantes de la maison, afin que rien ne manquast
à cette seruante de Dieu. Elle tenoit tout ce que
les autres pouuoient faire, pour vne partie defal-
quée à sa recompence. Combien de fois a elle pleuré deuant saincte Paula, & en son absence deuant
la grotte de IESVS-CHRIST, pour obtenir de
luy, de n'estre point priuée d'vne si bonne compagnie, de ne pas viure en son absence, & d'estre
enseuelie à mesme temps & en mesme lieu. Mais
que la nature des hommes est fresle, que nous se-

rions malheureux sur la terre, si la foy de IESVS-CHRIST ne nous esleuoit au Ciel? Nos corps semblent estre d'vne mesme condition que ceux des autres animaux. Nous sommes immortels d'vn costé, & perissables de l'autre: le iuste decede ainsi que l'impie; & on a bien raison d'appeller la mort aueugle, puis qu'elle ne met point de difference entre les bons & les meschans. Mais que sert-il de s'arrester si long temps par vne suspension affectée; c'est prolonger sa douleur, que de differer à la dire.

XXXIX. Paula sentit bien tost, suiuant sa prudence ordinaire, que son heure s'approchoit; veu qu'il n'y auoit que la ferueur de son ame qui pût encore donner de la chaleur à son corps. Cependant vous eussiez dit, qu'elle alloit en vn pays où elle auoit tousiours esté, & qu'elle ne quittoit pas, mais reprenoit sa compagnie. Elle croyoit abandonner vn peuple estranger, pour entrer dans sa patrie. Elle disoit en soy-mesme, qu'enfin elle verroit dans la gloire, celuy qu'elle auoit veu dans la creche; & qu'apres auoir visité tous les Saincts lieux, elle verroit la celeste Hierusalem. Il faudroit auoir participé à ses extases, pour en publier tous les mysteres: tant y a que comme ie luy demandois si le mal qu'elle sentoit estoit la cause de son silence exterieur, elle me respondit, qu'elle

eſtoit fort ſatisfaite dans ſa douleur, & qu'elle trouuoit vn parfait repos dans ce peu de temps qui
luy en alloit donner vn autre pour toute l'Eternité.
Aprez de ſemblables diſcours, elle ferma les yeux,
comme eſtant des-ia laſſe de voir les choſes de la
terre, & faiſant mille oraiſons iaculatoires, elle
s'efforçoit d'enuoyer ſon ame au Ciel coniointement auec ſes prieres. Elle faiſoit le ſigne de la
croix auec la main ſur ſa bouche, pour parler par
exemple, ne pouuant plus parler de viue voix ; &
voulant que la Croix, qui auoit eſté l'enſeigne de
ſa vie, fut auſſi le ſceau de ſa mort. Elle eſtoit preſte
à rendre l'eſprit, & l'air qu'elle receuoit dans ſon
poulmon, en ſortoit comme à regret, lors que
dans l'agonie meſme elle chantoit les loüanges de
Dieu, & conuertiſſoit ſes dernieres plaintes en des
Cantiques de ioye. Vous euſſiez veu autour de
ſon lict quantité de grands Prelats accourus auecque tout le Clergé, pour voir la mort de celle, dont
la vie auoit eſté vn ſpectacle au monde, aux Anges
& aux hommes. Toutes les Familles Religieuſes
y auoient enuoyé leurs enfans, pour aſſiſter au te-
ſtament de leur mere, mais principalement les
Vierges, deuant bien toſt perdre de veuë leur
exemplaire, ſembloient mourir auant Paula. Enfin comme l'Epoux celeſte vint l'appeller, elle le
ſuiuit amoureuſement, & rendit l'ame entre les

X iij

mains d'vn Iuge qui l'auoit toufiours aymée,
& qu'elle auoit toufiours chery comme fon
efpoux.

XL. Cette mort eftoit trop heureufe, pour
exciter d'autres larmes que de ioye. Au lieu de dire l'Office des Morts, on ne fift que chanter des
Pfeaumes de triomphe. Les Euefques mefmes
s'eftimerent honôrez de la porter dans fon tombeau, & creurent receuoir vn nouueau caractere
de fainéteté, en touchant vn corps fi fainét. Les
autres Prelats portoient des cierges en proceffion,
iufques dans l'Eglife de la Creche de IESVS-
CHRIST, où l'on enfeuelit Paula, afin qu'elle
attendift la refurrection, où la Vie mefme eftoit
née. Toute la Paleftine fembloit eftre ramaffée en
ce feul lieu; & vne grotte eftoit plus peuplée, que
les meilleures villes de la Prouince. Les Hermites
quitterent pour vn temps leur folitude, pour contempler ce fepulchre. Les Vierges parurent en
public, pour voir vn threfor fi particulier. Enfin
on eftimoit facrilege, celuy qui ne rendoit pas
quelque deuoir à cet illuftre tombeau. Les Vefues
faifoient monftre des habits qu'elle leur auoit laiffez, comme du plus riche depoft qu'elles euffent
entre leurs mains. Tous les pauures s'efcrioent
qu'ils auoient perdu leur mere nourrice, & fembloient fe deuoir defefperer, s'ils n'euffent fceu

d'ailleurs que Paula ayant esté receuë dans les tabernacles eternels, ne manqueroit pas à pouruoir
tous ses enfans de commoditez temporelles.

XLI. Ce qui estoit admirable, dans toutes
ces ceremonies est, que la pasleur de la mort n'a-
uoit aucunement changé le visage de Paula ; sa
face estoit encore si pleine de grandeur & de maiesté, que vous ne l'eussiez pas prise pour morte, mais
seulement pour vne personne endormie. Au reste
on fist diuerses fois les funerailles, quoy qu'elle
n'eust expiré qu'vne seule fois. Chacun luy voulant rendre ces honneurs en particulier, personne ne se pouuoit contenter de ceux qu'on venoit de luy rendre en general ; mais sa fille principalement ayant esté plus attachée à sa personne
que les autres, ne se pouuoit separer de son cer-
cueil. Elle baisoit les yeux de sa mere, quoy que
ces fils fussent sans rayons ; elle embrassoit ar-
demment son corps, quoy que la froideur se fust
coulée par tous ses membres. Elle demandoit d'e-
stre enseuelie auec elle, bien qu'elle vescust encore.
Tous sçauent bien que saincte Paula ne luy laissa
pour toute succession qu'vne infinité de debtes à
acquiter, & le soin d'vne multitude innombrable de
personnes Religieuses, qu'il est bien difficile d'entretenir, & qu'on ne peut delaisser sans impieté.
Or y a-il rien de plus merueilleux, que cette vertu

de voir qu’vne Dame, qui n’eſtoit pas moins conſiderable par ſon ſang que par ſes richeſſes, ait dóné
tous ſes biens d’vne foy ſi abondante, qu’elle ſoit
preſque tombée dans la derniere neceſſité. Que les
autres vantent tant qu’ils voudront l’argent qu’ils
donnent aux Egliſes, & ces lampes dorées qui reluiſent deuant l’autel; pour moy i’eſtime que perſonne n’a peu donner dauantage à Dieu & à ſes
pauures, que celle qui ne s’eſt rien reſerué pour elle-meſme. Maintenant elle iouyt des richeſſes qui
ne la quitteront iamais, & qui luy font trouuer
vne abondance ſans diſette, & des plaiſirs ſans
amertume. C’eſt nous qui pleurons noſtre infortune pendant qu’elle ſe reſiouyt, & qui ſemble-
rions porter enuie à ſa gloire, ſi nous deplorions
plus long temps la mort de celle qui regne dans
l’Empyree. Conſolez-vous, Euſtochium, dans
voſtre dueil, ſçachant que voſtre mere eſt ſortie
de miſere pour iamais, & croyez qu’elle vous a
pourueuë d’vn bon heritage, puis que Dieu meſme eſt la portion de vos biens. Vous deuez triompher d’aiſe, voyant que ſaincte Paula eſt couron-
née là haut, aprez auoir icy porté la Couronne
du martyre. La foy ne ſe prouue pas ſeulement par
l’effuſion du ſang; mais encore le ſeruice qu’on
rend à Dieu dans la pureté de l’eſprit, eſt vn martyre iournalier. Il n’y a que cette difference, que la

couronne

couronne de quelques Martyrs est tissuë de roses &
de violettes, & celle des autres est composée de lys.
C'est pour cela que l'Espoux s'appelle blanc & ver-
meil, & qu'on dit qu'il donne le mesme prix aux
personnes qui vainquent dans la paix, qu'à celles qui
triomphent dans la guerre. Vostre mere a eu le courage de sortir de sa terre, pour entrer dans celle de
IESVS-CHRIST. Elle n'a point souspiré aprez
l'Egypte, aprez auoir veu le pays de promission. Elle a mieux aymé estre Maistresse des Vierges, que de
s'assuiettir à vn second mariage. Elle s'est renduë
bourgeoise de la villette du Sauueur, ayant quitté
Rome pour Bethleem, & Bethleem pour le Royaume du Ciel.

XLII.   I'ay fait ce petit Liure, ma chere fille en
IESVS-CHRIST, dans le mesme regret que vous
auez, & ie croy que si Dieu ne m'eust defendu de
mourir, ie serois muet pour iamais, au lieu de loüer
comme ie fais, saincte Paula. Car il faut que ie vous
auoüe, qu'autant de fois que i'ay voulu prendre la
plume pour vous consoler, elle m'est soudain tombée des mains, & l'ame m'a semblé abandonner, aussi bien que l'esprit. La negligence de mon discours,
& la rudesse de mon style, monstrent assez, que i'ay
plutost escrit dans la violence, que dans la iustesse: &
que ie n'ay peu apporter beaucoup de fleurs, où ie
voyois vn si funeste Cyprez. Cependant i'ay cette

confiance que Paula eſtant deuant Dieu, ne s'oubliera pas de moy, & m'aydera par ſes prieres, voyant que ie publie ſa gloire par mes diſcours. Eſtant vnie à preſent indiuiſiblement à Dieu, il n'y a rien qu'elle ne puiſſe obtenir, que ce qu'elle ne voudra pas demander. I'ay fait ſon Epitaphe, auſſi bien que ſon Eloge, & ie ne feray point de difficulté de le mettre icy, pour apprendre à tout le monde, que cette Dame a eſté plus honorée de mourir prez de la Creche de I E S V S-C H R I S T, que ſi elle fuſt decedée dans la capitale de l'Vniuers.

Cy giſt Paula, dont tous les tiltres conſiſtent principalement dans ſa vertu perſonelle, & dans le meſpris qu'elle a fait de toutes ſes qualitez. Elle deſcendoit en droite ligne des Scipions, des Pauls, des Gracques, & meſme d'Agamemnon; mais on la doit plus eſtimer pour auoir eſté mere d'Euſtochium, que pour auoir eſté fille de ces grands hommes. C'eſt la premiere Dame, qui a appris aux grands de Rome, à quitter les richeſſes, pour ſuiure la pauureté de I E S V S-C H R I S T, & n'aymer aucun lieu du monde, que Bethleem. Ce petit tombeau que tu vois cache vn ſi grand depoſt. Le Corps eſt ſous cette pierre, mais l'ame eſt dans le Ciel. Il n'y a point

icy de superbe monument, pour ce que Paula
ne s'estant rien reserué pendant sa vie, n'auoit
garde de reseruer quelque chose aprez sa mort.
Mais souuienne toy, passant, qu'elle ne pouuoit
mourir plus heureusement, qu'en vn lieu où la
vie estoit née; ny offrir son ame au Sauueur auec
plus de magnificence, qu'au mesme endroit, où
les Mages luy auoient offert leurs presens &
Couronnes. Celles qui veulent auoir vne semblable fin à la sienne, doiuent commecer à viure,
comme elle a fait, & renoncer à toutes les vanitez, pour trouuer la vraye gloire.

ARGVMENT.

*V*oy que les Dames ayent plus d'inclination à la pieté que les hommes, elles ont neant-moins plus besoin d'instruction que nous, pour ce qu'ordinairement elles ont plus de foiblesse, quoy qu'elles ayent moins d'insensibilité. Les Saincts qui ont gouuerné la conscience des Sainctes, ne se sont iamais asseurez absolument sur la perfection qu'elles auoient acquise, & leur ont tousiours donné de nouuelles lumieres pour les faire adonner à de nouuelles vertus. Ils ne se sont pas mesme contentez qu'elles fussent irreprocha-bles en leur vie, ils ont voulu que leur famille mesme se sen-tist de leur probité, & qu'il n'habitast point de défauts dans la maison de ces Graces. C'est ainsi que sainct Hie-rosme enseigne à Læta, la façon de bien esleuer sa fille, & de dresser vn beau temple à la vertu, non seulement dans son ame, mais encore dans son image. Pour entendre le fonds de ce suiet, il faut se souuenir de celuy du discours precedent, & dans l'Eloge de Paula trouuer le fondement de ce qu'on dit icy à Læta. Paula donc auoit eu entre ses au-tres enfans Toxotius, qui estant vn des plus grands Sei-gneurs de Rome, fut marié à Læta, qui n'estoit pas moins

conſiderable pour ſes qualitez perſonelles, que pour la
grandeur de ſon extraction. De cette heureuſe alliance
naſquit la ieune Paula, qui portant le nom de ſon ayeule,
ſembloit auſſi tenir de ſes plus parfaites inclinations. Vous
euſſiez dit que, comme elle auoit eſté deſtinée & conſacrée
par auance à vne continence virginale, par vne ſaincte : Elle n'eſtoit née que pour la ſainéteté meſme. Et comme ſainct
Hieroſme s'intereſſoit grandement dans l'auancement ſpirituel de toute cette famille, il enuoya cette lettre à Læta,
pour luy donner vn parfaict caractere d'vne honneſte fille,
en eſcriuant par honneur à vne Dame. Or pour la diſpo-
ſer à receuoir plus volontiers tous ſes auertiſſemens, il luy
donne des louanges. Il admire d'autant plus ſa foy, qu'elle
vient d'vn pere infidele. Il la conſole en ſuite ſur l'eſperance de la conuerſion de ſon pere ; & luy monſtre que, comme
la penitence n'eſt iamais trop prompte, elle n'eſt iamais trop
tardiue. De ces ouertures il vient à faire ſa propoſition, &
parle de la fecondité de la mere, deuant que de parler des
fruicts ſpirituels, qu'on doit attendre de ſa fille. Il monſtre
que Paula n'eſtant née que par vn priuilege extraordinaire de la grace, elle ne peut mener qu'vne vie extraordinaire. Pour voir les effects de ces beaux preſages, il auertit
Læta de former les mœurs de ſa fille, apres auoir formé ſes
membres auec tant de proportion, & de ne laiſſer rien de
prophane en vn ſuiet qui doit eſtre le Temple du Dieu viuant. Il regle la conuerſation de Paula apres auoir reglé ſes
diſcours, & la rend vn peu ſolitaire pour la rendre plus

asseurée. Il donne en suite vne methode facile pour luy polir l'esprit sans la rebuter, & pour luy faire trouuer des
douceurs dans les espines mesmes des estudes. Outre
cela il declare que les mœurs d'vne fille dependent absolument de la volonté de sa mere, & qu'elle peut former son
interieur aussi facilement que sa figure exterieure. Là dessus il aduertit Læta de ne porter pas sa fille au luxe, sous
pretexte de la rendre agreable au monde, & authorise
sa deffence par vn exemple espouuentable. Il proteste qu'il
ne veut pas brauer les personnes malheureuses, mais qu'il
ne veut pas aussi laisser celles qui sont heureuses dans le
danger de quelque grande infortune. De l'institution de
l'enfance, il passe à celle de la ieunesse, & veut que Paula ne croisse pas tant en âge qu'en perfection. Il entend que
sitost qu'elle reconnoistra son estre, elle soit tout à faict à
Dieu. Il luy recommande l'oraison & la temperance, l'e-
stude & la mortification: il luy deffend d'estre curieuse &
negligente; pour luy oster toute enuie de faire du mal, il luy
oste les occasions, mesme les plus esloignées. Il luy ordonne
de trauailler des mains aussi bien que de l'esprit, & d'employer tout le temps pour l'eternité. Il luy persuade encore
le mespris des ornemens que les Coquetes ont accoustumé de
priser, & de considerer plus les yeux de Dieu, que non
pas la veuë des hommes. Enfin il declare à Læta, que si
elle ne peut pas instruire sa fille à Rome de la façon qui
luy mande, elle l'enuoye pour cet effet en Bethleem. Il promet d'estre son maistre spirituel, si la mere refuse d'en estre

la maistresse. Ie n'ignore pas que cette lettre appartient
aussi bien aux Filles, qu'aux Dames. Mais neantmoins
ie l'oste à la Bibliotheque des filles pour la donner à celle
des Dames, à qui elle a esté premierement addressee. Ie
n'offence pas l'honneste Fille en donnant des moyens à sa
mere de l'esleuer au plus haut poinct de l'honneur.

LETTRE

DE

S. HIEROSME

A LÆTA.

SVR L'EDVCATION DE SA FILLE.

ADAME,

I. L'Apostre saint Paul escriuant aux Corinthiens, touchant la discipline de l'Eglise, leur donne pour maxime, qu'vne femme Chrestienne qui est mariée à vn Payen, ne doit pas se separer de luy, apres que Dieu mesme les a vnis. La raison qu'il en apporte est, que cet homme, quoy qu'infidelle, est sanctifié par la foy d'vne moitié de luy-mesme; comme vne fem-

me

me infidele peut eftre fanctifiée par la feule foy d'vn
homme : autrement il s'enfuiuroit de là que leurs
enfans tiendroient neceffairement de l'impureté, au
lieu qu'ils font exempts de foüilleure. Or fi cet ordre
de fainct Paul n'a pas efté bien obferué durant vn
temps, c'eft dans la maifon de voftre pere qu'il femble eftre dans fa vigueur. Nous y voyons vn homme qui marche dans les tenebres, & vne femme illuminée des clattez de la verité. Vous eftes vn fruict
dont la douceur contrepefe l'amertume de fa racine,
& vn baume qui vient d'vn arbre gafté. Vous eftes
née d'vn mariage inégal, & la petite Paula a receu le
iour d'vne parfaicte alliance qui vous a vnie à Toxo-
tiüs. Vous auez donné la foy à voftre fille, que vous
n'auiez pas receuë de voftre pere. Qui euft creu que
la niepce d'vn Pontife Payen fût efleuée fuiuant la
promeffe d'vn fainct Martyr, que fon ayeul dans
l'erreur de la Gentilité, luy vit prononcer les loüanges de noftre Seigneur, par vn agreable begayement,
& que ce vieillard infidele eleuât ainfi vne Vierge
du Chriftianifme ?

II. Nous trouuons donc que les effects ont fur-
paffé noftre attente. Voftre pere quelque incredule
qu'il foit, eft des-ia Catechumene, veu qu'il eft en-
touré d'vne multitude d'enfans qui croyent en Dieu.
Qu'on ne die pas qu'il vfe d'hyperbole quand ie dy
fimplemét la verité. Ie croy que Iuppiter mefme euft

Z

cru en Dieu, s'il euſt eu vne famille, & vne alliance
comme la voſtre. Ie ſçay bien qu'il ſe moquera de
ma lettre, au lieu de loüer mon zele, & qu'il m'appellera fol, pour ce que ie l'appelle infidelle. Mais
qu'il die ce qu'il voudra, il n'auancera rien qui n'ait
eſté dit de ſon gendre, qui m'a d'autant plus aymé
depuis ſa conuerſion, qu'il m'auoit hay dans ſon erreur. Apres tout, nous ne naiſſons pas Chreſtiens,
mais nous deuenons tels par l'entrée qu'on nous
donne dans l'Egliſe. Le Capitole où Rome auoit
enfermé ſes plus precieuſes diuinitez, eſt maintenant
remply d'ordure: on voit maintenant des araignes,
où l'on voyoit des Idoles. La Ville a ſemblé changer de place depuis qu'elle a changé de Religion. On
voit le peuple qui court à foule aux ſepulchres des
Martyrs pour trouuer des remedes à ſa vie parmy les
tombes des morts. Ceux donc qui ne ſe rendent pas
à la prudence pour embraſſer la verité, ſe doiuent
pour le moins rendre à la honte. Ils ne peuuent pas
aller contre les ſentimens de tout le monde ſans chocquer le ſens commun.

III. I'ay dit cecy, Madame, pour vous apprendre, que vous ne deuez pas deſeſperer du ſalut de
voſtre pere, quoy qu'apparément, vous n'en puiſſiez
auoir aucune eſperance. Comme par la foy vous auez
merité d'auoir vne fille, vous pouuez meriter d'a-
uoir vn pere Chreſtien, & de voir le chef de voſtre

famille, aussi sainct que tous ses membres. Vous n'ignorez pas que ce qui est impossible aux hommes, n'est pas difficile à Dieu, & que la conuersion ne peut iamais estre ny trop prompte, ny trop tardiue. Le bon Larron s'enuolla de la Croix dans le Paradis. Nabuchodonosor Roy de Babylone apres auoir esté reduit à la condition des bestes, fut remis au rang des hommes. Et pour ne pas faire de vieux rapports à des personnes qui n'en cherchent que de nouueaux, & qui prennent pour fables, tout ce qui n'est pas histoire du temps : Il y a quelques années que Gracchus vostre parent, dont la noblesse se fait assez remarquer dans son nom, comme sa qualité dans la charge de Prefect de la Ville, qu'il a si long temps exercée : Ce grand homme, di-ie, a renuersé les Idoles des Dieux, à qui il erigeoit des autels. Il a bruslé les images des Demons, qui souffrent en effect les feux d'Enfer : & aprez auoir donné ces preuues de son zele pour nostre saincte Religion, il a receu le Baptesme. La Gentilité est maintenant condamnée à la solitude au milieu mesme de Rome.

IV. Les Dieux des Nations habitent maintenant auec les hibous ; les drapeaux des gens de guerre sont à present des bannieres de la Croix. On en voit la figure sur le Diadéme des Empereurs, & sur la pourpre des Roys ; ce qu'on nommoit autrefois gibet, passe maintenant pour le suiet de l'eleuation des

Princes. Ceux qui adoroient Serapis dans l'Egypte, font à cette heure adorateurs de IESVS CHRIST. Marnas qui a eu tant de vogue parmy les Payens, est à present enfermé à Gaza, & ne demeure dans vn Temple, que dans l'apprehenfion continuelle d'en voir bien toft la demolition. Nous voyons tous les iours des troupes de Religieux des Indes, de la Perfe, de l'Ethiopie, où il n'y auoit pas feulement des fideles. L'Armenie a quité fa ferocité pour fe foumettre à la douceur du ioug de noftre Seigneur. Les Huns apprennent le Pfaultier aprez auoir pillé nos Eglifes; Les Scythes, dans la froideur de leur climat, ont vne tres-ardente foy. Les Getes mefmes portent les enfeignes d'vne Religion qu'ils s'efforçoient d'abolir, & ne combattent maintenant contre nous auec quelque efpece d'égalité, que pour ce qu'ils ont vne mefme confiance en noftre Seigneur. Ie ne prens pas garde que pour monftrer l'eftendüe de la foy, ie ne me refferre pas dans mon fuiet, & que traittant ce que ie ne dois pas traitter en ce lieu, ie n'y traitte pas ce que i'y deurois traiter. Mon premier deffein, fuiuant la priere que vous m'auiez faiéte conioinéte-ment auec Marcelle, eftoit de vous apprendre comme en qualité de mere vous deuiez éleuer voftre fille Paula, & maintenir la vie de la grace à celle à qui vous auez donné celle de la nature.

V. Or ie defire que vous en ayez d'autant plus

de foin, qu’elle a eſté plutoſt conſacrée à I E S V S-
C H R I S T, qu’elle n’a eſté engendrée, & que vous
l’auez plutoſt conceuë par vos deſirs, que par voſtre
fecondité. Nous voyons de noſtre temps quelque
choſe de ſemblable à l’Hiſtoire du téps des Prophetes. Anne porta des enfans aprez auoir eſté ſterile:
mais vous auez eſté plus heureuſe, en ce qu’aprez
auoir produit des fruicts qui vous ont cauſé beaucoup de regret, pour la perte de voſtre virginité,
vous les auez mis entre les mains de celuy qui leur
peut donner vne vie perpetuelle, & à vous vne ioye
qui ne finira iamais. Ie parle auec aſſeurance, pour
ce que c’eſt Dieu qui me fait parler : Mais i’oſe dire,
que vous aurez d’autres enfans, pour ce que vous en
auez offert les premices à noſtre Seigneur. Il eſt trop
bon pour ſe laiſſer vaincre en liberalité à ſes creatures, & trop puiſſant pour ne leur pas faire du bien.
Vous auez des-ia accomply la Loy qui concerne les
premiers nez : Il faut maintenant que celuy qui a receu voſtre offrande accompliſſe ſa promeſſe. Samuel
eſt ainſi né par vne grace de Dieu. Sanſom eſt auſſi
venu au monde contre l’eſperance du monde meſme. C’eſt ainſi que ſainct Iean Baptiſte ſe reſioüit
dans le ventre de ſa mere à la venuë de Marie : par ce
que cet enfant de grace reconnoiſt l’Autheur de toutes les graces. Il entend la voix du Seigneur qui parloit par la bouche de Marie, & il veut ſortir des en-

trailles d'Elizabeth pour aller viſiblement au deuant de IESVS-CHRIST Il faut pareillement qu'vne Fille qui eſt née par vne ſpeciale faueur de Dieu ſoit eſleuée conformément à ſa naiſſance, & que ſes parens ſuiuent ſur la terre, l'intention de ſon pere qui eſt au Ciel.

VII. Samuel eſt nourry au milieu du Temple, afin que la ſainĉteté ſe naturaliſe en ſes mœurs, & que n'ayant point d'autre maiſon que celle de Dieu, il n'ait point d'autres intereſts que ceux qui regardent ſon ſeruice. Sainĉt Iean eſt eſleué dans la ſolitude, pour preparer la voye au Reparateur du monde: & s'eſloignant de la compagnie des hommes, il s'approche de celle des Anges. L'vn eſt remarquable par la conſecration de ſa cheuelure, auſſi bien que par l'entretien continuel qu'il a auec Dieu ; l'autre pour conuerſer dans le Ciel, s'eſcarte des villes. Dans la delicateſſe de ſes membres il porte vne rude ceinture de poil. Il ſe nourrit de miel ſauuage pour mieux s'accouſtumer à gouſter la douceur du Paradis, & ſe reueſt des deſpouilles d'vn animal fort boſſu, pour applanir le chemin de la penitence, ſuiuant les beaux exemples. Il faut eſleuer vne fille qui doit eſtre contemplée du Dieu viuant, & dans la chair meſme eſtre l'image viſible du ſainĉt Eſprit : qu'elle ne s'accouſtume pas à rien dire, où à rien ouyr qui n'appartienne à la crainte de noſtre Seigneur. Il faut que

ſes entretiens ſoient conformes au mouuement de
ſon cœur, & que la pureté de ſes diſcours s'accorde
parfaictement auec celle de ſon ame. Pour les mauuaiſes paroles, ie veux qu'elles luy ſoient inintelligi-
bles, & que tout ce qu'on dit contre Dieu luy ſoit
vn langage incogneu : qu'elle ne ſçache point de
chanſons prophanes , & qu'on inſtruiſe pluroſt ſa
langue à bien reciter les Pſeaumes, qu'à faire retentir
des extrauagances. Eſloignez-la de la compagnie
des Garçons , pour l'approcher dauantage de l'A-
gneau, & que les filles meſmes qui l'accompagnent
en qualité de ſuiuantes, ſoient ſequeſtrées du commerce du monde, de peur qu'elles n'enſeignent mal
ce qu'elles ont mal appris.

VII. Au reſte, pour cultiuer ſon eſprit, en per-
fectionnant inſenſiblement ſon ame, faites luy faire
des lettres de buys ou d'yuoire, qui ſoient diſtinguées
par noms auſſi bien que par figures, afin qu'en paſſant le temps auec elles, le ieu meſme luy puiſſe tenir
lieu d'eſtude. Il faut que non ſeulement elle en re-
tienne l'ordre par vne memoire determinée ; mais
encore qu'elle ſe puiſſe ſouuenir de leurs differences
dans vne belle confuſion, & qu'en les renuerſant en
diuerſes façons, elle les recognoiſſe par la veüe, auſſi bien que l'ouye. Lorsqu'elle commencera de former les lettres de ſa main, ou qu'on la luy tiendra
pour luy apprendre à eſcrire , faictes luy faire des

exemples, dont la marge semble regler toutes les
pages en sorte que prenant garde au dedans la
main ne s'emporte point au dehors. Proposez luy
des prix pour luy faire assembler facilement les sylla-
bes, & persuadez-vous que de petits presens sont
les plus grandes raisons qu'on puisse donner à cet
âge là pour le porter à bien faire. Donnez luy mesme des compagnes d'estude, afin qu'elles se portent
vne enuie reciproque, & qu'elle craigne autant leur
loüange que leurs reprimendes. Il ne la faut pas trop
blâmer, quoy qu'elle semble estre vn peu trop lente:
Il faut picquer son esprit par l'eguillon de la gloire,
afin qu'elle soit aussi aise d'auoir vaincu ses riuales,
que honteuse d'en auoir esté vaincuë.

VIII.   Prenez garde sur tout qu'elle ne con-
çoiue vne hayne secrete contre l'estude, depeur
qu'elle s'en dégouste en sa ieunesse, aussi bien qu'en
son enfance, & qu'elle prenne plutost cette occupa-
tion pour vn esclauage, que pour vn employ digne
d'vne honneste Fille. Les premieres paroles que vous
luy apprendrez à prononcer, ne doiuent pas estre
dites à l'auanture : vous les deuez emprunter des Prophetes & des Apostres, afin que la memoire de Paula soit aussi tost consacrée, comme remplie; & qu'elle acquiere sans y penser de grands thresors, que plusieurs n'acquierent qu'auec beaucoup de reflexion.
Choisissez-luy quelque maistre dont la probité soit
égale

égale à sa suffisance, & qui soit aussi recommandable par la maturité de son âge, que par ses perfections personnelles. Vn homme Docte ne re-
fusera pas de faire, en faueur d'vne de ses parentes,
ou d'vne Fille de grande maison, ce qu'Aristote fit
pour Alexandre quand il luy apprit à lire luy-mesme, quoy que d'autres eussent peu prendre cette
peine. On mesprisera sans doute, ce que i'ay dit
iusques icy, pour ce que ie n'ay encore traitté aucun suiet d'importance. Mais on ne doit pas appeller de petites choses, celles sans qui les grandes
ne sçauroient iamais subsister.

I X.   Il faut mesme prendre garde à la pro-
nonciation, aussi bien qu'à la substance des mots ;
pour ce que les mesmes paroles qui sont bien re-
ceuës dans vne bouche qui en sçait vser à propos, ont fort mauuaise grace, quand on s'en sert
contre les formes. Ainsi, Madame, que vostre Fille ne s'accoustume pas à trancher la moitié des
mots par vne mignardise ridicule, qui n'appartient
qu'aux Coquettes. Empeschez-là aussi de se ioüer
dans l'or & la pourpre, car l'vn nuist autant à ses
mœurs, que l'autre est preiudiciable à sa lague. Enfin il n'est pas expedient qu'elle apprenne au commencement, ce qu'il luy faudroit desapprendre
aprez. On dit que le langage de la mere des
Graques contribua beaucoup à l'eloquence de ses

enfans, & qu'ils furent tous illuſtres, pource qu'elle eſtoit habile. Hortenſius ne tenoit pas la grace
qu'il auoit à parler, de ſoy-meſme, mais de ſon
pere. Vous euſſiez dit que le bien dire luy eſtoit
auſſi naturel, qu'il nous eſt difficile à acquerir. Au
reſte il eſt preſque impoſſible d'effacer vne impreſſion qui a fait le premier fonds de noſtre capacité;
on ne ſçauroit blãchir l'écarlate, & vn vaiſſeau peut
receuoir diuerſes liqueurs, mais il garde touſiours
quelque odeur de la premiere. L'Hiſtoire Grec-
que nous apprend qu'Alexandre, ce Grand Roy
de tant de Monarques, & ce conquerant de tout
l'Vniuers, tenoit des deffauts auſſi bien que des
perfections de ſon maiſtre Leonide. Tout homme qu'il eſtoit, il eſtoit ſuiet aux vices dont ſon enfance auoit receu les impreſſions. On imite facilement les imperfections d'autruy, & ayant bien
de la peine à égaler ſes vertus, on n'en a point à
égaler ſes defauts.

X. La Nourrice de Paula ne doit pas aymer le
vin, & quoy qu'elle ſoit ioyeuſe, il ne faut pas
qu'elle ſoit Coquette : que celles qui la porteront
ſoient plus remarquables par leur modeſtie, que
par leur propre gentilleſſe : que ſon Nourricier
meſme n'ait pas moins de grauité que de ſoin :
quand elle verra ſon ayeul, qu'elle paſſe entre ſes
bras, qu'elle s'attache à ſon col, & luy parle en be-

gayant de noſtre Religion malgré qu'il en ait,
qu'elle ſe plaiſe entre ſes mains , & reconnoiſſe
ſon pere par vn ſouſris agreable. En vn mot, qu'elle ſe rende aymable à tout le monde ſans eſtre
importune à perſonne , & que tous ſes parens
ſoient bien ayſes de voir vne belle roſe, qui venant
de leur ſang, doit eſtre encore vn beau lys du iar-
din de l'Eſpoux celeſte. Qu'elle apprenne de bonne heure les perfections de ſa tante & de ſon autre
ayeule qui ſont icy : Qu'elle ſçache, pour quel chef
d'œuure elle fait ſon apprentiſſage & qu'elle ſe regarde plutoſt comme nouice de Bethleem , que
comme Damoiſelle de Rome. Prenez plaiſir à voir
qu'elle s'ennuye dás voſtre maiſon pour venir dans
celle de IESVS-CHRIST, & qu'elle vous menace
de vous quitter pour eſtre mieux à elle-meſme. Que
ſa contenance, auſſi bien que ſon habit luy appre-
ne à quel Eſpoux elle eſt des-ia fiancée.

   XI.   Donnez-vous bien garde de luy percer
les oreilles par vne marque qui la face croire eſcla-
ue du monde, & ne luy bleſſez-pas le corps pour
luy donner ſuiet de tuer ſon ame. Ne mettez point
de vermillon ny de blanc d'Eſpagne ſur vn viſage
conſacré à IESVS-CHRIST, & ſouuenez-vous
que le fard ne s'accorde pas auec la ſimplicité du
Chriſtianiſme. Ne luy chargez point le col, ny de
carquans ny de perles: Ne luy mettez point de pier-

res precieuses sur sa teste, puis qu’elle doit estre elle-mesme vne riche perle. Ne vous estudiez point
à luy peindre les cheueux en couleur de feu, de
peur de luy donner quelque presage des incendies
de l’autre vie. Qu’elle ne songe qu’à vendre tout ce
qu’elle a, pour acheter ce beau ioyau qui la doit
rendre eternellement glorieuse.

XII.   Ie ne vous donneray pas seulement des
auertissemens, mais encore des exemples sur ce suiet. Prætextata vne des plus grandes Dames de Rome, par l’ordre de son mary Himetrius, qui fut
oncle paternel d’Eustochium, fit changer d’habit
& d’estat à cette Fille innocente, & commença de
se parer à la mode, pour rompre le dessein de cette
Vierge, & tromper les pieux desirs de sa mere.
Dans vne si mauuaise intention elle fut bien eston-
née vne nuict qu’elle vit en songe vn Ange du
Ciel qui la menaçoit, & qui ne sembloit auoir de
la lumiere, que pour l’espouuanter d’auantage par
ces paroles. *Quoy ! vous auez osé preferer le com-*
mandement d’vn homme à la deffence de IESVS-
CHRIST, *& toucher auec des mains sacrileges, vn*
chef consacré à Dieu ? Elles vous secheront pour vous
faire voir vostre faute dans vne punition presente, &
dans cinq mois, vous qui faites estat d’esloigner vne fille
du Paradis, serez conduite aux enfers: Que si vous con-
tinuez dans vostre peché, & que vous soyez incorrigi-

ble, aussi bien que criminelle, sçachez que vous perdrez vn mary qui vous a donné vn conseil si pernicieux, & qui pour auoir voulu desbaucher la fille de Paula, vous verrez la mort de tous vos enfans. Tout cela fut accomply de poinct en poinct, & la mort soudaine qui l'emporta fit bien voir qu'elle ne s'estoit pas repentie de bonne heure. C'est ainsi que I E S V S-C H R I S T se venge de ceux qui osent violer ses temples; c'est ainsi, quand defendant les perles & les ornemens superflus il maintient l'honneur des Vierges, qui doiuent estre la gloire & les pierres precieuses de la Hierusalem celeste.

XIII. Or ie n'ay pas rapporté cette Histoire pour brauer l'infortune des miserables, mais pour vous monstrer auec combien de frayeur & de reflexion vous deuez garder ce que vous auez promis à nostre Seigneur. Le grand Prestre Heli offensa Dieu, pour auoir permis que les enfans l'offensassent. Vn homme qui a des enfans vicieux & mal disciplinez, ne peut pas estre faict Euesque. Il est dit au contraire, qu'vne femme sera sauuée par la production des enfans, pourueu qu'elle perseuere dans la foy, & qu'elle accorde parfaittement la fecondité de son corps auec la sanctification de son ame. Que si les fautes que les enfans commettent dans vn âge viril, & aprez auoir esté emancipez, sont neantmoins imputées à leurs parents,

que deuons - nous penſer de l'obligation qu'ils
ont à empeſcher les imperfections d'vn âge qui eſt
fort freſle, & toutesfois fort flexible, & qui ne
ſçait diſcerner ny la droite ny la gauche, c'eſt à dire, ny la nature du bien, ny celle du mal. Si vous
prenez garde auec tant de ſoin que voſtre fille ne
ſoit morduë d'vne vipere, pourquoy ne prenez-
vous garde qu'elle ne ſoit bleſſée du ſerpent, que
l'Eſcriture appelle le fleau de toute la terre? pourquoy ne l'empeſchez-vous de boire dans le calice
de la Babylone, qui ne ſemble eſtre doux que pour
eſtre plus dangereux ? Pourquoy ne l'eſloignez-
vous pas du deſſein de Dina, afin qu'elle ne ſorte
point pour voir des filles eſtrangeres, qui luy com-
muniqueront plutoſt leurs deffauts, qu'elle ne
leur pourra communiquer ſes vertus? A quel propos luy permettrez-vous de ſauter & de dancer
pour deſcendre plus promptement dans l'Enfer
en s'eſleuant ſur la terre? En vn mot pour quelle fin
luy donnerez-vous des robbes d'vn prix exceſſif
pour ſe vendre à meilleur marché? Oſtez-luy toutes ces menües ſatisfactions, pour luy oſter les occaſions de faire du mal. Souuenez-vous qu'on
meſle le miel dans le poiſon, pour le rendre dautant plus nuiſible, qu'il ſemble eſtre plus agreable.
Les vices ne nous trompent point que ſous l'ombre & l'apparence des vertus.

XIV. Vous me direz , que comme les enfans ne font point refponfables des fautes de leurs pere & mere, ceux-cy pareillement ne feront point refponfables des fautes de leurs enfans. L'ame qui aura peché mourra perfonnellemét ; mais celle qui aura bien vefcu, viura fans iamais mourir : m ̃is ie replique à cette inftance, que ce paffage de l'Efcriture fe doit entendre des enfans qui font capables de fageffe, auffi bien que de folie, & qui ayans affez d'âge pour parler en leur faueur, en ont affez pour agir de leur mouuement. Mais cette propofition n'a point de lieu dans les enfans, qui ne fe pouuant pas conduire eux-mefmes ont befoin d'eftre conduits d'autruy, & qui n'ayans pas encore l'vfage de la raifon, ne peuuent operer raifonnablement que par vne efpece de miracle. C'eft de ceux-là que ie dis que ce qu'ils font de mal & de bien , doit eftre imputé à leurs parents , & que ceux qui les efleuent doiuent auoir d'autant plus de prudence , que les fuiets de leurs foins ont moins de connoiffance & de difcretion. Penfez-vous que les enfans des Chreftiens qui meurent fans le Baptefme foient coulpables de leur malheur, & non pas plutoft leurs parents, qui ont refufé de leur donner vn Sacrement dont la grace purifie la nature, & qu'elle femble offrir à tout le monde , quoy qu'elle l'offre par le miniftere des

hommes. Ces petits malheureux qui fe font perdus fans auoir failly par leurs actions perfonnelles,
ne pouuoient pas refifter à la volonté de ceux qui
leur euffent voulu faire dù bien, comme ils n'ont
pas peu les forcer à leur en faire contre leur volonté. Tout au contraire, nous pouuons dire, que le falut des enfans eft l'auantage de la vie de leurs peres. Il a efté en voftre pouuoir, Madame, d'offrir
voftre fille à Dieu, ou de ne la luy pas offrir, quoy
qu'à parler veritablement, cette offrande n'a pas
efté en voftre difpofition puis que vous l'auiez
confacrée à Dieu, deuant que de l'auoir con-
ceüe; mais c'eft à vous maintenant, à ne pas negliger vn fuiet dont vous auez fait prefent à noftre Seigneur, & vous n'y pouuez laiffer aucune
forte d'imperfection fans vous rendre criminelle.
On dit que celuy qui offre à Dieu vne hoftie, ou
foüillée ou priuée de quelque membre confiderable, fe rend coulpable de facrilege : à plus forte
raifon fera puniffable vne perfonne qui viura dans
la negligence, fe difpofant à donner à noftre Seigneur vne partie de fon corps, & qui femblera luy
refufer vne moitié de foy-mefme en luy facrifiant
l'autre.

XV. Quand Paula commencera à eftre vn peu
grande & à croiftre en fageffe auffi bien qu'en âge,
à l'exemple de fon Efpoux; elle doit s'en aller vers

le Temple de son Pere en côpagnie de ses parents;
mais elle n'en doit pas sortir auec eux. La maison
de son Espoux celeste luy doit faire oublier la sienne : qu'on la cherche parmy la foule du monde, &
la multitude de ses proches, mais qu'on ne la trouue iamais que dans le sanctuaire de l'Escriture. Elle doit plus parler aux Prophetes & aux Apostres
que non pas aux hommes viuans. Il faut qu'elle
s'entretienne auec les habitans du Ciel, de ses nopces spirituelles, pour ne iamais songer à celles du
siecle, & des instincts de la chair. Elle doit ressembler à Marie, que l'Ange trouua seule dans sa
chambre, & qui ne fut effrayée à l'abord de Ga-
briel, que pour ce qu'elle vit vn visage d'homme
qu'elle n'auoit iamais apperceu. Les Intelligences
mesmes luy estoient suspectes dans la figure des
corps. Qu'elle se rende semblable à celle dont il est
dit dans le Pseaume, que toute la gloire de la fille du Roy depend du dedans, quoy qu'elle se pro-
duise auantageusement au dehors. Qu'elle traitte
auec son bien aymé aprez en auoir esté viuement
blessée, & que sa playe parle pour elle, quand elle
fermera la bouche. Qu'elle ne sorte point du cabinet de l'Espoux, aprez qu'il l'y aura introduite, de
peur que ceux qui font le tour de la ville l'offencent lors qu'elle ne sera plus deffenduë du Tout-
puissant, & luy rauissent la guirlande quand elle

B b

fera gloire de la monftrer auec trop d'efclat. La
pureté mefme ne doit auoir aucun commerce
auec l'impureté.

XVI. Outre cela, Madame, n'accouftumez
pas voftre fille, à fe trouuer aux feftins, de peur
que la bonne chere luy face trouuer l'abftinence
infupportable. Ie fçay bien que quelques vns
tiennent qu'il y a plus de vertu à mefprifer vne
volupté prefente, qu'à ne la pas rechercher au
temps qu'elle eft efloignée. Pour moy i'eftime
qu'il y a plus d'affeurance pour vne fille à ne pas
fçauoir ce qu'elle peut defirer, qu'à ne pas defirer ce qu'elle fçait. I'ay leu autrefois au commencement de mes eftudes, que c'eft en vain qu'on
fe met en peine de corriger en vn moment, ce
qu'on laiffe authorifer par vne longue accouftu-
mance. Le vice paffe en habitude, auffi bien que
la vertu, & l'on fait toufiours volontiers ce qu'on
a toufiours fait par le paffé. Que voftre fille ne
boiue point de vin dés à prefent, pour ne le pas
regreter à l'auenir : qu'elle fe fouuienne que puis
qu'elle doit eftre chafte, elle ne doit pas fournir
de nouuelles flammes à la concupifcence rebelle.
Il eft vray que deuant qu'vne fille foit arriuée à
vne parfaicte conftitution, l'abftinence qui eft fi
falutaire aux autres, luy peut eftre dommageable.
Ainfi ie permets à la voftre, ce que la neceffité fem-

ble exiger de son âge, à sçauoir qu'elle aille quelque fois aux bains, qu'elle boiue vn peu de vin,
pour fortifier la foiblesse de son estomac, & non
pas pour flater sa delicatesse. Enfin qu'elle man-
ge de la chair, de peur que ses pieds viennent à
défaillir deuant qu'ils commencent à marcher. Or
io dis cecy par vn principe d'indulgence, & non
pas de commandement. Ie crains l'infirmité de
vostre fille, mais ie ne veux pas enseigner la dissolution; Autrement ie luy dirois, de faire pour le
moins autant d'abstinence, que les Iuifs, & de ne
pas permettre que les Gymnosophistes d'Egypte, ou les Brachmanes des Indes surpassent la perfection d'vne Chrestienne, par de prophanes ob-
seruations. Puis qu'ils se passent de plusieurs sortes de viandes, vne Vierge ne doit pas trouuer de
peine à faire suiuant la grace, ce que les autres ne
font que par le seul mouuement de nature. Si le
verre est si esclattant, ne faut-il pas qu'vne pierre
precieuse soit bien brillante? Vne fille qui est née
par vne generation extraordinaire, doit viure comme ceux qui ont esté engendrez de mesme façon.
Ses actions doiuent respondre à la grace qu'elle a
receuë. Ie ne veux point qu'elle se plaise à ioüer
des orgues, & desire qu'elle ignore l'vsage de la
Flûte, du Luth, & de la Quiterre. Faites luy rendre conte tous les iours de ce qu'elle a appris de l'E-

criture. Ie veux qu'elle fçache des vers Grecs, pour-
veu qu'elle n'oublie pas la langue Latine. Elle fe
doit accouftumer de bonne heure à la prononcer,
de peur qu'elle apprenne quelque mauuais accent,
& qu'elle introduife la barbarie, mefme dans Rome. Vous luy deuez tenir lieu de maiftreffe, comme de mere, & voftre prudente maturité fe doit
faire admirer à fon enfance ignorante. Qu'elle ne
voye rien, ny en vous, ny en fonpere, dont l'imitation l'engage dans le peché, & gardez-vous bien
de luy ofter la vie de l'ame par vn mauuais exemple aprez luy auoir donné celle du corps par vne
bonne alliance. Souuenez-vous que vous eftes
parents d'vne vierge, auffi bien que d'vne fille, &
qu'elle a plus befoin d'eftre inftruite pas vos a-
ctions, que par vos paroles. Les fleurs font belles
à la verité, mais leur beauté paffe bien toft, Il ne
faut qu'vn petit vent pour gafter les lys & les violettes, & le mauuais temps deftruit en vn moment
ces miracles naturels, que la bonté de la terre auoit
operez par l'entremife des rays du Soleil. Ie
veux dire par là que plus voftre fille eft innocente, plus vous deuez auoir foin de fon innocence.

XVII. Qu'elle ne paroiffe iamais en public
que vous ne foyez en fa compagnie, & ne la perdez iamais de veuë, afin qu'elle ne perde iamais fa

reputation. Elle ne doit pas mefme vifiter les E-
glifes, ny les Chapelles des Martyrs que vous ne
foyez auec elle, & tous les lieux où vous n'eftes pas
luy doiuent fembler en quelque façon prophanes,
quelques facrez qu'ils foient, comme ie les tiens
pour fufpects. Qu'elle ne fe plaife point à voir de
ces ieunes muguets, qui ont plus de foin de leur
perruque que de leur ame, & qui ayment mieux
eftre veus dans l'agreement, que de bien viure en
effect. Mais fi elle doit euiter leur compagnie,
c'eft principalement dans le Temple de Dieu
qu'elle fe doit garder d'auoir aucun commerce
auecque fes Idolatres. C'eft pourquoy elle ne doit
iamais faire les fainctes veilles, que vous ne veil-
liez fur elle, & vous ne deuez pas tant vous affeurer
fur la folemnité des feftes, que vous ne regardiez
la foibleffe d'vne fille. Ie ne veux pas mefme qu'elle ayme particulierement quelqu'vne de fes fuiuantes, ny qu'elle s'accouftume à luy parler à l'au-
reille, de peur qu'on parle hautement au defauantage de fon honneur. I'entends que ce qu'elle dit
à vne, foit generalement entendu de toutes les
autres. Qu'elle mette fon contentement à voir vne
compagnie dont la grauité puiffe corriger toutes
les legeretez de fa ieuneffe, & qui mette fon plus
grand foin à paroiftre dans vne belle negligence,
& dans vne genereufe melancholie, plutoft que

dans vne parure affectée, & vne ioye extrauagante.
Elle doit hair la conuerſation de celles qui n'embel-
liſſent leurs corps, que pour enlaidir leur ame, qui
mettent plus d'eſtude à ſe rendre immodeſtes, qu'à
monſtrer leur retenuë, & qui ſe picquent plus de
bien chanter, que de bien faire. Vous luy deuez donner pour gouuernante quelqu'vne de ces Dames, qui
ayant gardé la virginité toute leur vie, luy peuuent
apprendre maintenant à la conſeruer, & qui l'ac-
couſtumeröt à parler à Dieu, auſſi bien qu'aux hommes, & à ne laiſſer paſſer aucune heure de temps ſans
rendre quelque tribut à l'eternité, en recitant l'office
diuin. Qu'elle apprenne encore la façon de ſe tenir toute preſte pour combattre l'ennemy en quelque inſtant qu'il l'aſſaille, & à prendre touſiours
garde à ſoy-meſme, pour n'eſtre iamais ſurpriſe de
l'ennemy, qui veillant touſiours triomphe facilement des perſonnes qui s'endorment dans vne confiance temeraire.

XVIII.   C'eſt à ces belles occupations qu'elle
doit employer le iour & la nuict de telle ſorte, qu'a-
prez l'oraiſon la Lecture ſuiue, & que la lecture ſoit
reciproquement ſuiuie de l'oraiſon. Elle ne trouue-
ra iamais le temps long, ſi elle en meſnage les moments par de ſi diuers employs. La varieté plaiſt en
toutes choſes, mais principalement dans les exerci-
ces de pieté. Qu'elle ſçache en outre la façon de

faire de la laine, de tenir la quenoüille, de manier
le fuſeau, de deuider le fil, & de trauailler touſiours
de ſa main, quand ſon eſprit ſe relaſchera. Qu'elle ne
ſe ſoucie pas des ouurages de ſoye ou de brocat d'or;
Enfin elle ſe doit preparer des veſtemens qui la ga-
rantiſſent du froid, & non pas de ceux qui font voir
en effect la nudité des corps qu'ils couurent en apparence.

XIX.   Vous la deuez nourrir de legumes, d'vn
peu d'orge preparé, & y adiouſter quelquefois vn
mets de petits poiſſons; & pour ne m'arreſter pas
plus long temps ſur ce ſuiet; elle doit tellement prendre ſa refection, qu'il luy reſte touſiours vn peu d'appetit, & qu'au ſortir de table elle n'ait point de peine
à demeurer à l'Oratoire, à l'Egliſe, ou au Cabinet.
Ie vous diray neantmoins que les grands ieuſnes, &
vne abſtinence indiſcrete me déplaiſent en toute ſorte de ſuiects, mais principalement en des perſonnes
qui ont beſoin de fortifier la foibleſſe de leurs corps
par vne iuſte nourriture, & qui deuant manger pour
viure, ne viuent pas pour manger. Ie ſçay par experience, qu'vne beſte qui eſt laſſe, cherche quelque detour pour trouuer du ſoulagement, que le
droit chemin luy refuſe. C'eſt à faire aux adorateurs
d'Iſis & de Cybelle de n'eſtre abſtinens que pour
s'addonner aprez à l'intemperance, & de ne ſe paſſer de pain, que pour manger des tourtres, & des

faiſans. Le temperament qu’on doit garder dans le
ieuſne, c’eſt de manger autant qu’il en faut pour
ſubſiſter dans le trauail, & non pas pour viure dans
l’oyſiueté, & pour ſ’empécher de demeurer au milieu
de la carriere, aprez auoir bien couru au commencement. Mais c’eſt en Careſme qu’il faut redoubler
l’abſtinence, quoy qu’en tout temps Dieu nous oblige d’eſtre ſobres. La moderation ſemble lors deuoir
conſiſter dans vne eſpece d’excez. Il eſt vray que la
temperance qu’on peut obſeruer en cette ſainɗe ſai-
ſon prend diuerſes qualitez, ſuiuant les diuerſes conditions des perſonnes qui la prattiquent. Les ieuſnes
des Vierges & des Religieux doiuent eſtre bien differens de ceux des perſonnes du monde. Vn ſeculier
ne ſemble pas tant s’abſtenir de manger par vn principe de vertu, que pour chaſtier ſa gourmandiſe, &
viuant de ſon ſuc à la façon des huiſtres, il n’eſt pas
proprement temperant, mais il ſe diſpoſe à l’intemperance. Il ne purifie pas ſon eſtomach, mais il le
prepare pour le deſſein qu’il a de ſe ſaouller aprez la
feſte. Vne Vierge & vn Religieux s’abſtiennent de
telle ſorte de manger, qu’ils ſe ſouuiennent qu’ils
ont encore du chemin à faire, & quoy qu’ils ne ſe
flattent pas en marchant, ils ſe gardent bien auſſi de
ſe tuer volontairement. Vn trauail moderé eſt plus
grand, que celuy qui eſt infiny, pour ce que par l’vn
nous ne nous repoſons iamais, & par l’autre

nous

nous venons à nous repofer toufiours.

XX. Si parfois il vous prend enuie d'aller aux champs, ne laiffez pas voftre fille à la maifon ; elle fe doit accouftumer à ne pouuoir viure fans vous, & à ne iamais plus craindre, que lors qu'elle fe verra feule. Qu'elle ne frequente point les filles du fiecle, puis qu'elle ne doit fonger qu'à l'Eternité. Eftant de la compagnie de l'Efpoux, qu'elle fuye celle des Vierges folles. Qu'elle ne fe trouue point à la celebrité des nopces de vos feruiteurs, & qu'elle ne s'intrigue pas dans les ieux de fes domeftiques, de peur qu'elle foufpire enfin aprez ceux des eftrangers. Retranchez luy mefme des chofes permifes, afin qu'elle fe retranche plus aifément des defenduës. Au refte, ie fçay bien que de graues Autheurs ont dit, qu'vne fille confacrée à Dieu, ne doit point fe trouuer au bain, ny auec des Eunuques, ny auec des femmes mariées, pour ce que les vns font toufiours hommes, & que les autres eftant bien fouuent enceintes, peuuent bleffer les yeux d'vne Vierge. Pour moy, i'auoüe franchement, que l'vfage des bains me defplaift abfoluëment en vne perfonne, qui ayant fait vœu de virginité, fe trouue dans la vigueur de fa ieuneffe, eftant certain qu'elle doit auoir honte de foy-mefme, & apprehender autant de fe voir dans la nudité, que d'eftre veüe des autres. En effect, fi elle matte fon corps à force de veilles & d'abftinence, & fi

pour acquerir la liberté de l'esprit elle le reduit à la
seruitude ; si elle s'estudie à esteindre le feu de la con-
cupiscence, & l'ardeur de la ieunesse par la froideur
d'vne continence genereuse ; enfin si par vne negligence recherchée elle affecte d'enlaidir sa naturelle
beauté, pourquoy est-ce qu'elle s'efforce de r'allu-
mer vne flamme des-ia demy morte, par la mollesse
des bains ? C'est destruire d'vne main ce qu'on veut
bastir de l'autre : c'est vouloir viure & mourir tout
ensemble ; c'est penser accorder le vice auec la
vertu.

XXI.   Au lieu d'aymer la soye & les perles, ie
veux que Paula n'ayme que les saincts Liures, &
qu'en ceux-cy mesmes elle ne regarde pas tát la beauté du volume, que la pureté de l'edition ; elle se doit
plus attacher au fonds , que non pas à la figure.
Qu'elle apprenne premierement le Psaultier de Dauid, pour chanter tousiours auecque les Anges, en
chantant deuant les hommes. Les Prouerbes de
Salomon luy donneront des preceptes de salut : &
la vie de Iob luy fournira des exemples de toutes
sortes de vertus. Dans l'Ecclesiaste, elle apprendra
le mespris du monde ; & dans les autres parties de
l'Escriture, elle verra par tout l'estime qu'il nous
faut faire des choses du Ciel. Ie luy en determine
quelques vnes pour sa lecture ; non pas que toutes
ne viennent d'vn mesme Esprit, mais c'est que tou-

tes ne sont pas également intelligibles. Dieu parle de la nüée en certains endroits, si en d'autres il parle visiblement. Il nous propose quelquesfois des veritez éclatantes, & d'autrefois des mysteres cachez : Qu'elle s'attache principalement à la lecture des Euangiles ; & comme ils contiennent la vie de son bien-aymé, qu'elle ne les perde iamais de veuë. Les Lettres des Apostres luy doiuent estre fort familieres, aussi bien que leurs Actes miraculeux : & il faut qu'elle en reçoiue les veritez dans le fonds du cœur, comme dans la capacité de son esprit. Aprez s'estre ainsi bien instruite des mysteres de la nouuelle Loy qu'elle contemple ceux de l'ancienne. Ie veux qu'elle sçache tous les Prophetes par cœur, & que le sainct Esprit n'ait rien dit par leur bouche, qu'il ne die encore auiourd'huy par celle de Paula. Ie desire encore qu'elle apprenne parfaitement la Genese, les Liures des Roys auec leur supplement; l'histoire d'Esdras aussi bien que celle d'Ester, afin que ces veritables narrations, l'empeschent de songer aux fabuleuses ?

XXII.   Elle ne doit apprendre que sur la fin le Cantique des Cantiques, de peur que le lisant au commencement, son imagination soit blessée, pour ne pouuoir pas comprendre le secret du mariage spirituel, qui nous y est figuré, sous des paroles charnelles. L'Escriture saincte ne contient rien de mauuais; mais elle eſt fort myſterieuſe. Pour les Liures apocryphes, elle n'en doit voir que la couuerture: que ſi quelquefois elle en veut lire quelques vns, non pas tant pour y deſcouurir la verité, que pour y trouuer de belles figures, qu'elle ſçache que ce ne ſont pas des ouurages des Autheurs à qui on les attribuë, qu'il y a du bien meſlé auecque du mal, & qu'il faut auoir vne prudence extraordinaire pour chercher de l'or dans la boüe. Qu'elle ait touſiours entre les mains les diuerſes œuures de ſainct Cyprien. Elle peut parcourir ſans danger les lettres de ſainct Athanaſe, & es Liures de ſainct Hilaire. Enfin, qu'elle ne ſe plaiſe qu'à la lecture, & au genie de ceux dont les ouurages ne peuuent eſtre ſuſpects, ny d'hereſie, ny d'impieté; pour les autres, qu'elle les liſe plutoſt pour condamner leurs erreurs, que pour ſuiure leurs opinions.

XXIII. Vous me direz peut-eſtre icy, que vous ne ſçauriez obſeruer à Rome les aduertiſſemens que ie vous enuoye de Bethleem, & que ces maximes de ſolitude ne ſe peuuent pas prattiquer parmy la foule du monde. I'ay à vous dire là deſſus, Madame, que vous ne deuez-pas entreprendre de porter vn fardeau que vous ne ſçauriez ſouſtenir: Mais ie vous conſeille d'enuoyer icy voſtre fille à ſon ayeulle & à ſa tante, ſi toſt que vous l'aurez ſeurée auec Iſaac, & habillée auec Samuel. Donnez cette belle

perle au cabinet de Marie, & que cette colombe se
vienne reposer sur la Creiche de l'Agneau. Il faut
qu'elle soit esleuée dans vn Monastere, puis qu'elle
ne doit iamais viure auecque les hommes. Que fait elle parmy des personnes mariées, estant consacrée à la
Virginité? Mettez-là en vn lieu où elle n'apprenne
pas à iurer, mais à glorifier le nom de nostre Seigneur,
& où elle prenne pour sacrilege les mensonges les
plus legers. Il faut qu'elle ignore les façons de faire
du siecle, puis qu'elle n'est plus du monde, & qu'elle
agisse comme les Anges, semblant estre leur compagne, par la prerogatiue de son vœu. Qu'elle viue
dans la chair, comme si elle n'en auoit point; qu'elle
se défie également de tous les hommes, puis que s'ils
n'ont pas tous les mesmes desseins contre son honneur, ils les peuuent pourtant auoir, estans de mesme nature.

XXIV. Finalement qu'elle vous déliure de
la peine qui se rencontre à garder vn suiet, sur qui
tout le monde iette les yeux, & qui n'est iamais en
asseurance, pour ce qu'il est tousiours recherché. Il
vaut bien mieux que vous la regrettiez en son absence, que non pas que sa presence vous face craindre à
chaque moment, & vous oblige de prendre garde
à tous ses regards, aussi bien qu'à tous ses discours.
Deschargez-vous de l'education de cette enfant sur
Eustochium, & quoy qu'elle soit encore petite, sça-

chez que son begayement mesme sera vne priere
qu'elle fera pour vostre prosperité. Qu'elle tienne lieu
de compagne à sa tante, pour estre vn iour son he-
ritiere. Qu'elle se plaise à voir & à cherir dés ses premieres années, vne personne dont l'entretien, le
port & la contenance est vne leçon continuelle de
vertu. Qu'elle se nourrisse dans le seiour de son ayeulle, qui aura du plaisir de voir redoubler dans sa niepce, les perfections de sa fille, & qui ayant des-ia vne
grande experience pour bien instruire des Vierges,
esleuera d'autant mieux cette-cy, qu'outre qu'elle
est innocente, elle est encore de sa famille. Il faut
que la petite Paula soit vn fleuron de la couronne de
l'autre, & qu'elle contribuë à l'acheuement de sa
gloire, aussi bien que d'autres filles, dont la Virginité est l'ornement de sa continence. Que la vostre
sera heureuse, si imitant de si grands exemples elle
tasche de se rendre plus noble par sa saincteté, qu'elle ne l'est par son extraction. Pleust à Dieu, pussiez-
vous voir vostre belle mere & sa fille, & admirer le
grand courage qu'elles ont dans la foiblesse de leur
corps? Ie ne doute point que suiuant l'amour de la
chasteté vous ne voulussiez venir icy deuant vostre
fille, & changer les loix du mariage à celles de la
continence. Bien loin d'empescher les bons desirs de
vos enfans, vous vous offririez vous-mesme à Dieu.

XXV. Mais pource qu'vne femme n'a pas de pouuoir fur fon corps, qu'il faut que chacun perfeuere en l'eſtat où il a pleu à Dieu l'appeller, & qu'vne perſonne qui porte vn ioug auec vne autre, doit auoir foin de marcher de telle forte, qu'elle ne la laiſſe pas engagée dans vn bourbier, offrez à noſtre Seigneur dans voſtre fille, ce que vous differez neceſſairement à luy offrir en vous-meſme. Anne ne voulut point reprendre fon fils aprez l'auoir confacré à Dieu, ne iugeant pas qu'il fuſt de la bienfeance, que celuy qui deuoit eſtre vn iour Prophete, fuſt nourry dans vne maifon qui defiroit d'auoir encore d'autres enfans. Enfin aprez auoir enfanté Samüel, elle n'ofa plus entrer dans le Temple, que pour s'acquitter de fa promeſſe, & donner à Dieu vn fils qu'elle auoit receu de fa liberalité. Enfin ayant faiét ce facrifice, elle en receut trois autres, pour en auoir ainfi dóné vn; & Dieu qui ne fe laiſſe iamais vaincre en bonté à fes creatures, les luy laiſſa tous poſſeder, pour l'aifné qu'il luy auoit pris.   Si vous admirez le bon - heur de cette femme, vous deuez imiter fa foy. Enuoyez donc icy la petite Paula, ie m'offre à eſtre fon Maiſtre & fon nourricier, ie la porteray entre mes bras, i'auray beaucoup de contentement dans ma vieilleſſe à bien inſtruire cette enfát. Ie m'eſtimeray beaucoup plus glorieux que le Philofophe ; veu que ie n'enfeigneray

pas comme luy vn Roy de Macedoine, qu'vn venin de Babylone puiſſe faire perir vn iour, mais vne
ſeruante de Dieu , & vne eſpouſe du Roy des
Roys , laquelle ne doit pas triompher ſur la terre,
mais dans le Ciel.

ARGVMENT.

ARGVMENT.

L'Ombre ne ſuit pas le corps de ſi prez, comme l'enuie ſuit la vertu. Les meſchans taſchent de décrier les gens de bien pour authoriſer leur diſſolution. Ils prennent meſme ſuiet de leurs plus loüables actions de les blaſmer outrageuſement. Mais pourtant, quoy que la calomnie ait des dents, elle ne ſçauroit mordre vne innocence bien eſprouuée. Sainct Hieroſme auoit faict de trop grands biens à Rome, pour n'y pas ſouffrir de mal. On l'appella ſeducteur, pour ce qu'il auoit enſeigné la prattique des Conſeils de IESVS-CHRIST. Chacun le perſecutoit, dautant qu'il auoit attiré de grandes Dames à la ſuite du Roy des Roys. Mais ce qui auoit faict plus d'eſclat, auoit eſté la reſolution de Paula, d'Euſtochium, & de Melania, qui ſemblant eſtre la fleur de la Nobleſſe de la Ville, ne faiſoient plus d'eſtat que d'vn meſpris abſolu du monde. On ne pouuoit ſouffrir que leur directeur fuſt zelé, pour ce qu'on ne pouuoit ſouffrir qu'elles fuſſent ſages. On commença donc d'appeller hypocriſie, la ſincerité de leur deuotion, & l'affection ſpirituelle de ſainct Hieroſme paſſa pour vn amour charnel.

Dd

On difoit qu'il ne les auoit attirées dans la folitude que pour
eftre luy feul en la poffeffion de leurs bonnes graces, &
qu'il vouloit tirer la prophanation de Rome pour la porter en Bethleem. Ce grand homme ne pût fouffrir ces difcours defauantageux a la pieté auffi bien qu'à fa renom-
mée: & quoy qu'il fift profeffion d'aymer tous fes ennemis,
il voulut pourtant s'aigrir contre leur erreur fans offencer leur perfonne. Il efcriuit donc cette lettre à Afella, où
il luy exprima fes reffentimens auec autant de fougue que
de douceur. Cette piece eft briefue à la verité, mais elle
eft fort vigoureufe. L'eloquence y a d'autant plus de Genie, qu'elle s'y trouue plus referrée. Noftre fainct remercie premierement cette Dame, d'auoir eu foin de l'obliger
au temps que chacun le defobligeoit. Il rend vne fouueraine
reconnoiffance à tous fes biens-faicts, en difant qu'il ne
les fçauroit reconnoiftre. Aprez il refmoigne auoir plus de
compaffion de l'aueuglement de fes ennemis, que de cholere contre leur mefdifance. Il fait en fuite vn eloge innocent en fa faueur, pour faire mieux fon Apologie. Il la
commence par le fonds mefme du fuiet, & monftre qu'il
n'eft pas coupable, pour auoir perfuadé à quelques perfonnes d'acquerir la perfection. Il prouue qu'on blafme
des Dames pour eftre fainctes, qu'on loüeroit publiquement, fi elles eftoient diffoluës. Il fe confole fur la fin
fçachant bien que l'infamie que nous n'auons pas meritée
contribuë à noftre gloire. Ce n'eft pas le monde qui nous
doit iuger, mais nous iugerons le monde. I'ay cru obliger

les Dames, en monstrant par la version de cette Lettre, ce qu'vn grand Docteur de l'Eglise a fait pour les obliger. Il ne pouuoit souffrir pour de plus nobles suiets qu'estoient les Dames de son temps; & ie ne sçaurois offrir ses escrits à de plus beaux yeux, qu'à ceux des Dames de nostre siecle. Que celles-cy neantmoins imitent la saincteté des autres; si elles veulent participer à leurs interests. Autrement ce qu'on dit en faueur des Sainctes, ne sçauroit appartenir aux Prophanes.

LETTRE

DE

S HIEROSME

A ASELLA

ADAME,

I. Quelque reſſentiment de gratitude que ie puiſſe iamais auoir, ie me tromperois bien groſſie-rement ſi ie croyois vous pouuoir iamais rendre vne ſuffiſante reconnoiſſance. Vous auriez per-du vos biens-faits, ſi vous n'auiez obligé Dieu en ſon ſeruiteur : & ſi l'heritier du Pere eternel, qui eſt la ſource du bien & de la grandeur n'e-ſtoit le garand du moindre de tous les hommes. C'eſt luy qui vous peut rendre plus de graces que

vous ne m'auez fait de faueurs, & vous donner
non feulement ce que vous meritez, mais encore ce
qu'il vous eſt impoſſible de meriter. Pour moy qui
m'eſtime abſolument indigne de tous les biens,
i'auoüe que, comme ie ne puis dignement priſer
l'affection que vous me portez, ie n'ay iamais pû
la defirer auecque paſſion. Ie ſçauois aſſez qui vous
eſtiez, & ce que i'eſtois. Mais ie voy bien que vous
eſtes liberale enuers le Createur, plutoſt qu'enuers
vne creature, & que vous ne regardez pas Hieroſme, mais IESVS-CHRIST. Au reſte, ie loüe
extremement voſtre prudéce, auſſi bien que voſtre
zele, en ce que, bien que pluſieurs me iugent coupable, & qu'ils me calomnient tous outrageuſement, vous ne laiſſez pas d'interpreter en bonne
part, meſme leurs mauuaiſes actions. En effect
il eſt bien dangereux de iuger d'vn ſeruiteur qui ne
nous appartient pas: & ce n'eſt pas vne legere faute de parler deſauantageuſement, meſme des
moindres perſonnes du monde. Mais viendra le
iour que vous regreterez auecque moy, de voir le
malheur de pluſieurs de ces meſdiſans. On m'appelle infame, ſeducteur, fourbe, impoſteur, & on
penſe me faire vne faueur, en ne me nommant
pas Magicien, quoy qu'on penſe que i'vſe de ſor-
tilege. On n'a pas voulu croire ces crimes des coulpables, pour les croire des innocens!

D d iij

11. Quelques vns me venoient baifer les mains, qui auoient des langues de vipere contre ma reputation ; Ils me difoient de bouche qu'ils etoient bien marris de ma difgrace, & neant-moins ils s'en refiouyffoient dans leur cœur. Noftre Seigneur qui voyoit leur penfée, fe moquoit de leurs deffeins, & les referuoit à fon iugement, auec celuy qu'ils auoient iugé. L'vn blafmoit mon marcher, & l'autre ma contenance. Quelques vns fe picquoient de ma façon de rire, & d'autres tenoient ma fimplicité pour fufpecte, comme fi c'euft efté vne fineffe plaftrée. Cependant ie rends graces à Dieu, de ce qu'ayant vefcu trois ans auec eux, ils n'ont rien trouué dans ma vie dequoy me reprendre, fans qu'ils s'en foient pris à IESVS-CHRIST mefme. Ils m'ont veu bien fouuent en la compagnie des filles, à qui i'interpretois l'Efcriture fainéte, pour leur faire quitter les liures prophanes. Ces conferences auoient produit l'affiduité, l'affiduité eftoit fuiuie d'vne conuerfation familiere, & la familiarité me donnoit l'affeurance de leur parler. Qu'ils difent cependant s'ils m'ont iamais veu faire vne feule action qui n'ait efté digne, ie ne diray pas d'vn homme, mais d'vn Chreftien ? Ay-ie iamais pris d'argent de perfonne ? n'ay-ie pas mefprifé les grandes gratifications, auffi bien que les petits

presens? ay-ie retenu le bien d'autruy, ay-ie iamais
tenu de propos à double entente: m'a-on veu ietter vne seule œillade lasciue sur quelque obiect? En
vn mot, ay-ie iamais rien fait que tous les Saincts
n'eussent peu faire? Au lieu de me reprocher quelque crime, on me reproche mon sexe, & i'ay
cette consolation, qu'on ne blasme pas ma personne, mais la nature. Encore ne me fait-on ces
reproches, que lors que Paula & Melania partent
pour Hierusalem, & ie croy qu'on me loüeroit si
elles s'en alloient en Babylone.

III. Ie sçay bien qu'on me dira qu'ayant
creu au faux rapport d'vn homme, on a maintenant de la peine à reconoistre la verité. Mais ceux
qui y ont adiousté foy, quand il disoit vn menson-
ge, pourquoy ne le croyent-ils pas maintenant
qu'il se retracte de ce qu'il a dit, & nie ce qu'il as-
seuroit? C'est au iourd'huy le mesme homme qui
estoit auparauant, il confesse l'innocence de celuy
qu'il faisoit prendre pour coulpable. Et certes,
quand on met quelqu'vn à la question, on des-
couure plutost la verité, que lors que l'on ne l'in-
terroge que dans vn agrément ridicule; Mais
c'est le train ordinaire du monde, qu'on y croit
plutost ce qui est controuué, que ce qui est veritable, & qu'on apposte mesme des personnes pour
inuenter des calomnies, quand on n'en trouue pas

d'appoſtées. Auant que ie fuſſe entre dans la maiſon de ſaincte Paula, ie ſemblois poſſeder les cœurs
de toute la Ville; & au iugement des Romains, ie
ſemblois eſtre digne d'eſtre fait Pape, quoy que ie
ne meritaſſe aucune ſorte d'honneur. On croyoit
en ce temps-là que ie ſerois ſucceſſeur de ſainct
Damaſe; on me traictoit des-ia de ſaincteté, on
m'appelloit humble & eloquent tout enſemble:
mais pour ce que i'ay frequenté vne Saincte, on
m'a d'abord eſtimé prophane?

I V.   Mais en conſcience, ſuis-ie entré dans la
maiſon d'aucune femme, dont la vie ſuſpecte euſt
peu faire blaſmer ma parfaicte integrité? Me ſuis-
ie laiſſe prendre à l'eſclat des habits de ſoye, à la rareté des perles, à la beauté d'vn viſage, ou au prix
meſme de l'or? De toutes les Dames de Rome qui
ont fait impreſſion ſur mon eſprit, il n'y en a pas
vne qui n'ait fait plus d'eſtat de la triſteſſe, que de
la ioye, & du ieuſne continuel, que d'vne bonne
chere ordinaire. Ie n'ay frequenté que celles qui
dans la grandeur ne font eſtat que de la penitence, qui s'aueuglent preſque à force de ietter des
larmes, qui voyent leuer le Soleil ſur l'Oraiſon
qu'elles auoient commencée deuant la nuict; qui
ne ſçauent chanter que des Pſeaumes, ny parler que de l'Euangile; qui n'ont point de plaiſirs
que dans la continence, & la Mortification, ny

d'autres

d’autre vie que le ieufne. Ie ne me fuis pleu
qu’en la conuerfation de celles que ie n’ay iamais
veuës manger, & qui s’entretiennent plus dans
le Ciel, que fur la terre. Cependant depuis que i’ay
commencé de les honorer à raifon de leur merite,
& à reuerer leur chafteté finguliere, il femble que
toutes les vertus m’ayent abandonné!

V. Mais ie recognois bien que l’enuie n’ef-
pargnant pas fes propres fuiets, n’auoit garde de
m’épargner:& Satan eft trop rufé pour ne pas per-
fecuter l’innocence & la fimplicité desfainéts. Parmy tant de femmes de la ville, on n’y a mal parlé
que de Paula & de Melania, pour ce que mefprifant les richeſes de la terre, elles fe font mifes en
eftat d’auoir vn threfor au Ciel: & pour s’eftre ran-
gées fous la banniere de la Croix & de la vraye pieté, on les met au rang des infames. Si elles fe trouuoient ordinairement aux bains, ou qu’elles fuffent toufiours à oindre vn corps qui n’eft enfin que
pourriture ; fi elles fe feruoient de leurs richeffes &
de leur viduité, comme d’vne occafion de luxe &
de libertinage, on les traiéteroit de Dames, &
dans l’impudence mefme, on trouueroit de
l’honnefteté ; on les appelleroit fainctes, fi elles
eftoient prophanes. Maintenant on dit qu’elles
veulent paroiftre belles, pour ce qu’elles portent
le fac & la cendre, on tient qu’à force de peniten-

E.9

ce, elles tâchent de fe difpofer aux fupplices de l'autre vie. Cela veut dire qu'elles n'ont pas le bon-
heur de perir en compagnie des autres auec l'apro-
bation du peuple.

VI. Encore fi c'eftoient des Gentils, qui blaf-
maffent leur forme de vie., ou des Iuifs qui la con-
damnaffent, elles auroient pour le moins la fatisfaction de defplaire à ceux à qui IESVS-CHRIST
mefme n'a fceu plaire. Mais, chofe eftrange ! ce
font des Chreftiens qui perfecutent des Chreftien-
nes, qui laiffent le vice réel dans leur maifon, pour
en chaffer l'apparence de celle des autres, qui
voyent vn feftu dans l'œil de leur prochain, &
n'apperçoiuent pas vne poutre dans le leur. Ils
croyent meriter deuant Dieu en empefchant que
d'autres ne meritent deuant luy, & penfent trouuer vn remede à la peine de leurs pechez, en faifant
en forte qu'il n'y ait perfonne de iufte. Il femblent
ouyr leur panegyrique, quand on detracte de leur
prochain, & vous diriez qu'ils mettent leur falut
à perir en compagnie; enfin ils fe iuftifient par la
multitude des pecheurs.

VII. Mais il faut que ie parle à ces gens-là,
quoy que ie n'aye aucun commerce auec eux.
Vous vous plaifez donc, Meffieurs, à prendre
tous les iours des eftuuées, mais vn autre dira que
cette netteté que vous affectez, n'eft propre-

ment que fouïlleure. Vous fentez à la graiffe de la
chair que vous mangez, pour moy ie me contente d'auoir des feues pour mes repas ordinaires:
vous ne vous plaifez qu'en la compagnie des perfonnes qui font eftat de rire toufiours, de moy
ie ne me plais qu'en la conuerfation de Paula &
de Melania, qui pleurent inceffamment. Vous
defirez le bien d'autruy, ces Dames mefprifent le
leur; le vin vous degoufte, s'il n'eft meflé auecque
du miel : Mais elles ne trouuent point de gouft,
qu'à boire de l'eau toute pure. Vous penfés perdre tout ce que vous n'auez-pas en ce monde, &
vous vous croyez pauures, fi vous n'auez dequoy
fournir à vos fuperfluitez. Elles au contraire n'ont
point de foin que pour l'aduenir, & ne regardent
pas tant les commoditez de cette vie, que les aduantages de l'autre. Cette façon d'agir vous defplaift, mais auffi la voftre nous eft fort defagreable.
Soyez gras tant que vous voudrez, ie veux eftre
toufiours maigre. Ie crois auoir bonne couleur,
fi i'ay le vifage vn peu pafle. Vous nous eftimez
miferables, & nous vous croyons plus miferables
que nous. Nous nous compatiffons reciproquement , & nous accufons d'vne folie mutuelle,
mais la noftre eft fageffe deuant Dieu, fi la voftre
eft prudence deuant les hommes.

VIII. Voilà, Madame, ce que i'ay conceu

fur le poinct de mon embarquement ; perfuadez-
vous au refte, que mes larmes ont prefque effacé
les impreffions de ma plume, & que i'ay bien eu de
la peine à ne me pas fafcher extraordinairement
pour la querelle de Dieu. En tout cas, ie remercie
noftre Seigneur de l'affection qu'il m'a tefmoi-
gnée, en me iugeant digne d'eftre hay du monde : priez-le encore qu'il me permette de retour-
ner de Babylone en Hierufalem, & d'eftre plutôft
fous la domination de I E S V S, que de Nabuchodonofor. I'ay befoin d'vn Efdras, qui de l'exil me
puiffe ramener dans ma patrie. Cependant que
i'eftois infenfé de vouloir chanter vn Cantique à
l'honneur de Dieu dans vne terre ennemie de fa
gloire, & de rechercher le fecours d'Egypte, ayant
quitté le mont de Sina ? Ie ne me fouuenois pas de
l'Euangile qui nous dit, qu'vn homme, fortant de
la cité de paix, entre dans le danger d'vne cruelle
guerre, que les voleurs luy liureront. Il ne fe faut
pas eftonner s'il meurt, veu qu'il a quitté le feiour
de la vie ; mais quoy qu'vn Preftre paffe fans fonger à fa guerifon, & qu'vn Leuite la neglige, il
trouue enfin le veritable Samaritain, qui a
plus de mifericorde, que nous n'auons de mifere.
Ainfi, quoy que plufieurs dient que ie fuis malfai-
cteur, i'ay l'honneur de porter vn des tiltres de
mon Maiftre. Les Iuifs ont appellé I E S V S

Christ Magicien ; si les Romains me nom-
ment Sorcier ; l'Apostre a passé pour Seducteur
aussi bien que pour Trompette de la verité. Ie ne
dois donc pas me fascher de me voir mal traitté en
si bonne compagnie.

IX. Aprez tout ie suis bien aise d'estre es-
prouué en toutes façons , pourueu que ie ne le
fois pas par dessus mes forces. Combattant sous la
banniere de la croix, ie n'ay presque rien enduré,
bien que i'aye enduré beaucoup de choses. C'est
trop pour vn homme , mais c'est peu pour vn
Chrestien. On m'a voulu diffamer par vne noire
calomnie ; mais ie sçay qu'on arriue à la gloire par
l'ignominie, aussi bien que par la bonne reputation. Agréez icy que ie saluë ces Dames qui sont
auecque vous , & que ie puis appeller miennes
en Iesvs-Christ, quoy que le monde y trouue à redire. Si elles vous parlent de moy , dites
leur que nous nous reuerrons deuant le tribunal
de Iesvs Christ, & que là on descouurira
les intentions des personnes qui nous sont maintenant cachées. Pour conclusion , Madame , ie
vous coniure de vous souuenir de moy, qui ne me
sçaurois iamais oublier de vostre vertu. Ie m'en-
barque en danger d'estre exposé aux orages de la
Mer ; mais ie les crains tousiours moins que les
tempestes, qu'on a tasché de me soufleuer sur la

terre. Outre que i'ay vne ferme confiance que vos prieres me feront trouuer la bonnace parmy la fureur des vagues, & que Hierofme fera toufiours victorieux ; pourueu qu'Afella leue toufiours les mains : Songez vn peu au moindre de tous les feruiteurs de Dieu, quand vous fongerez à leur Maiftre : vous meriterez d'autant plus en ce faifant, que vous obligerez vne perfonne qui ne penfe rien meriter.

FIN

www.ingramcontent.com/pod-product-compliance
Lightning Source LLC
LaVergne TN
LVHW051117060726
842525LV00003B/946